Análise da investigação sobre a "Liderança Sentimental" utilizando os neurónios-espelho e a teoria das neurociências

Solução emergente e assistência à liderança biologicamente orientada para uma atividade empresarial eficaz...

Prof. (Dr.) Mohd. Sadique Shaikh

Diretor/Cientista/Professor/Autor Internacional

M.Sc (ES), M.Tech.(IT), MBA (HRM), MBA(Marketing)

M.Phil.(Gestão), DMS(IBM), FPM, Ph.D.(HRM),

Doutoramento (Marketing), Pós-Doutoramento (D.Sc.)

Índice

Resumo 3

Introdução 14

Método de investigação 33

Resultados e discussão 83

Recomendações 93

Conclusão 101

Referências 111

Abreviaturas 125

Dr. Mohd. Sadique Shaikh

Investigação sobre a "Liderança do Sentimento" utilizando os neurónios-espelho e a neurociência

Dr. Mohd. Sadique Shaikh

Investigação sobre a "Liderança do Sentimento" utilizando os neurónios-espelho e a neurociência

Solução emergente e assistência à liderança com orientação biológica para uma atividade empresarial eficaz

ScienciaScripts

Imprint

Any brand names and product names mentioned in this book are subject to trademark, brand or patent protection and are trademarks or registered trademarks of their respective holders. The use of brand names, product names, common names, trade names, product descriptions etc. even without a particular marking in this work is in no way to be construed to mean that such names may be regarded as unrestricted in respect of trademark and brand protection legislation and could thus be used by anyone.

Cover image: www.ingimage.com

This book is a translation from the original published under ISBN 978-3-659-68745-7.

Publisher:
Sciencia Scripts
is a trademark of
Dodo Books Indian Ocean Ltd. and OmniScriptum S.R.L publishing group

120 High Road, East Finchley, London, N2 9ED, United Kingdom
Str. Armeneasca 28/1, office 1, Chisinau MD-2012, Republic of Moldova, Europe

ISBN: 978-620-4-19085-3

Copyright © Dr. Mohd. Sadique Shaikh
Copyright © 2024 Dodo Books Indian Ocean Ltd. and OmniScriptum S.R.L publishing group

Resumo

Nos últimos anos, a quantidade de investigação efectuada sobre o cérebro aumentou exponencialmente. Isto deve-se a várias razões. Em primeiro lugar, os avanços tecnológicos têm sido enormes, o que significa que existem agora inúmeras formas de examinar o cérebro e ver o que está a acontecer, desde o nível celular até às imagens coloridas e aos exames que costumamos ver na maior parte das revistas. Podemos tirar fotografias com um detalhe incrível e ver que partes do cérebro estão a reagir a que estímulos. Esta tecnologia não é apenas melhor, é também muito, muito mais acessível e muito mais barata. À medida que a tecnologia se tornou mais variada, mais acessível e mais fácil de financiar, estas tecnologias têm sido utilizadas numa variedade de domínios e, em particular, num domínio tão interessante como a psicologia comportamental. Para além de tudo isto, a indústria farmacêutica tem vindo a desenvolver um enorme esforço para estudar o cérebro, a fim de encontrar uma cura para algumas doenças óbvias, como a doença de Alzheimer, mas também para encontrar pistas para coisas como a alimentação e a obesidade. Este facto fez aumentar a quantidade de investigação e o respetivo financiamento para nos permitir compreender melhor os processos que se passam no cérebro. Alguma desta investigação é inacessível, como a análise das reacções microquímicas no interior e entre as células cerebrais, e outra continua a ser muito académica. No entanto, onde existe um grande conhecimento, este está também a ser "traduzido" em formulações simples e a ser aplicado de diferentes formas. O cérebro é uma coisa grande e complexa e é constituído por 100 mil milhões de neurónios, células cerebrais. Para compreender o tamanho, pense no cérebro em termos de M&Ms, aqueles amendoins coloridos cobertos de chocolate. Se cada célula cerebral fosse um M&M, que tamanho achas que teria se fosse um cubo? 1km3, 10km3 ou mais? Bem, muito mais. Seria um cubo de M&Ms com 100km3. Para quem vive nos EUA, isso equivale a três longas ilhas em Nova Iorque, uma ao lado da outra, com uma extensão de 100 km, o que é mais de 12 vezes o tamanho do Monte Evereste e é, de facto, a fronteira do espaço. Para quem está na Europa, é quase 7 vezes o tamanho de Londres, atingindo novamente 100 km até à fronteira do espaço. E cada parte desse espaço seria preenchida com amendoins cobertos de chocolate, que representam uma célula cerebral. E esta não é a única complexidade porque, para além disso, existem cerca de 100 mil milhões de células gliais, que são células que suportam e fornecem nutrição aos neurónios e proporcionam um quadro estrutural e, claro, vasos sanguíneos e estruturas de suporte. É uma maquinaria bastante complexa. Depois, temos de ter em conta que cada neurónio tem múltiplas ligações. Para simplificar, podemos multiplicar isto por 1000 por neurónio, o que significa que temos 100 triliões de ligações no cérebro. De facto, é muito. De facto, é tanto que começa a tornar-se um conceito ligeiramente abstrato. De facto, calculou-se que a quantidade de ligações possíveis que podemos gerar no cérebro é muito maior do que todos os átomos do universo. Alguns pormenores sobre os neurónios são apresentados a seguir

Estrutura básica:

O neurónio é uma célula especial que

Transmitir informações

Codificação - Do estímulo à resposta.

Descodificação - Resposta ao estímulo.

 Caenorhabditiselegans 302 neurons

Fruitfly-Drosophila melanogaster

100,000 neurons.

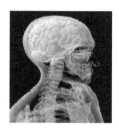

HumanBrain
100 billion neurons in the human brain.
100 trillion synapses.

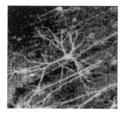
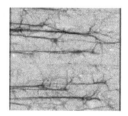

Revisão da literatura:

A descoberta dos neurónios-espelho (MNs) nos macacos, e do sistema de neurónios-espelho nos seres humanos, foi saudada como a descoberta mais importante da última década na neurociência Ramachandran, 2000. Estas células estão principalmente localizadas na área pré-motora ventral de F5 do cérebro do macaco e têm propriedades motoras e visuais (di Pellegrino et al., 1992; Jeannerod et al., 1995; Gallese et al., 1996; Rizzolatti et al., 1996; Ferrari et al, 2005). Estes neurónios descarregam quando o macaco executa acções específicas da mão ou da boca dirigidas a um objetivo, e são também activados quando o animal observa outro indivíduo a realizar acções semelhantes. Neurónios com propriedades de espelho comparáveis também foram descobertos lóbulo parietal inferior (Gallese et al., 2002; Fogassi et al., 2005). Certas áreas do córtex pré-motor ventral e do córtex parietal posterior humano mostraram ser activadas pela execução, observação ou imitação de acções orientadas para um objetivo em estudos de neuroimagem (Rizzolatti & Craighero, 2004), e pensa-se que formam um sistema de neurónios-espelho nos seres humanos. Tem sido sugerido que os neurónios-espelho são o elemento-chave na explicação de diversos fenómenos, desde a evolução da linguagem (Rizzolatti & Arbib, 1998), passando pela imitação (Iacoboni et al., 1999; Iacoboni, 2005) e pela intersubjetividade (Gallese, 2003), até à empatia (Iacoboni, 2005) e ao autismo (Oberman et al., 2005). No entanto, pensa-se que a função imediata e evolutivamente mais antiga que estes neurónios servem é mais simples: ajudam a compreender as acções observadas, extraindo e representando o objetivo, ou o significado, dessas acções (Rizzolatti et al., 2001; Rizzolatti & Craighero, 2004). Esta sugestão, também conhecida como a *hipótese da correspondência direta* (Rizzolatti et al., 2001), tenta resolver a espinhosa questão de como nós, e outros primatas, vamos além da informação perceptiva sobre o comportamento observado dos nossos co-específicos para obter uma compreensão mais profunda da razão pela qual eles agem da forma que agem. De acordo com esta hipótese, "uma ação é compreendida quando a sua observação faz com que o sistema motor do observador 'ressoe'" (Rizzolatti et al., 2001, p. 661), e esta ressonância permite ao observador descobrir o resultado e, em última análise, o objetivo da ação, porque "ele conhece os seus resultados quando a executa" (Gallese et al., 2004, p. 396). De facto, parece ser "geralmente aceite que o papel fundamental dos neurónios-espelho é permitir que o indivíduo que observa compreenda o objetivo do ato motor observado" (Fogassi et al., 2005, p. 665), ou, por outras palavras, que a ativação dos neurónios-espelho leva à compreensão do objetivo por parte do observador (Blakemore & Frith, 2005).

Revisão:

Não existem provas, baseadas em registos de neurónios individuais, da existência de neurónios-espelho nos seres humanos. A sua existência é, no entanto, indicada por estudos EEG e MEG, experiências TMS e estudos de imagiologia cerebral (ver Rizzolatti e Craighero 2004). Por uma questão de espaço, vamos analisar aqui apenas uma pequena fração destes estudos. Estudos de MEG e EEG mostraram que a dessincronização do córtex motor observada durante movimentos activos também estava presente durante a observação de acções realizadas por outros (Hari et al. 1998: Cochin et al. 1999). Recentemente, a dessincronização dos ritmos corticais foi encontrada em áreas funcionalmente delimitadas da linguagem e do motor da mão num paciente com eléctrodos subdurais implantados, tanto durante a observação como durante a execução de movimentos dos dedos (Tremblay et al. 2004). Os estudos de TMS mostraram que a observação de acções realizadas por outros determina um aumento da excitabilidade córtico-espinal em relação às condições de controlo. Este aumento diz respeito especificamente aos músculos que os indivíduos utilizam para produzir os movimentos observados (e.g., Fadiga et al. 1995; Strafella e Paus 2000; Gangitano et al. 2001, 2004). Estudos de imagiologia cerebral permitiram a localização das áreas corticais que formam o sistema de neurónios-espelho humano. Mostraram que a observação de acções realizadas por outros ativa, para além das áreas visuais, duas regiões corticais cuja função é classicamente considerada como fundamental ou predominantemente : o lóbulo parietal inferior (área PF/PFG), e a parte inferior do giro pré-central (córtex pré-motor ventral) mais a parte posterior do giro frontal inferior (IFG). (Rizzolatti et al. 1996; Grafton et al. 1996; Grèzes et al. 1998, 2003; Iacoboni et al. 1999, 2001; Nishitani e Hari 2000, 2002; Buccino et al. 2001; Koski et al. 2002, 2003; Manthey et al. 2003, Johnson-Frey et al. 2003). Estas duas regiões constituem o núcleo do sistema de neurónios-espelho nos seres humanos. Recentemente, foi realizada uma experiência de fMRI para verificar que tipo de acções observadas são reconhecidas utilizando o sistema de neurónios-espelho (Buccino et al. 2004). Foram apresentados a voluntários normais clips de vídeo que mostravam acções silenciosas da boca realizadas por humanos, macacos e cães. Foram mostrados dois tipos de acções: morder e acções de comunicação oral (leitura da fala, estalar de lábios, ladrar). Como controlo, foram apresentadas imagens estáticas das mesmas acções. Os resultados mostraram que a observação da mordedura, independentemente de ser feita por um homem, um macaco ou um cão, determinou os mesmos dois focos de ativação no lóbulo parietal inferior, na *pars opercularis* do IFG e giro pré-central adjacente. A leitura da fala activou a *pars opercularis* esquerda do IFG, enquanto a observação do bater de lábios activou um pequeno foco na *pars opercularis* direita e esquerda do IFG. O mais interessante é que a observação do ladrar *não* produziu qualquer ativação do sistema de neurónios-espelho. Estes resultados apoiam fortemente a noção acima mencionada de que as acções realizadas por outros indivíduos podem ser reconhecidas através de diferentes mecanismos. As acções pertencentes ao repertório motor do observador são mapeadas no seu sistema motor. As acções que não pertencem a este repertório não excitam o sistema motor do observador e parecem ser reconhecidas essencialmente numa base visual. Assim, primeiro caso, a ativação motora traduz a experiência visual num conhecimento empático, na primeira pessoa, enquanto que no segundo caso esse conhecimento não existe.

Revisão no contexto da liderança empresarial

Talvez a descoberta recente mais espantosa da neurociência comportamental seja a identificação da ação dos ***neurónios-espelho*** em áreas muito dispersas do cérebro. Os neurocientistas italianos descobriram-nos por acaso enquanto monitorizavam uma célula específica no cérebro de um macaco que só disparava quando o macaco levantava o braço. Um dia, um assistente de laboratório levou um cone de gelado à sua própria boca e desencadeou uma reação na célula do macaco. Foi a primeira prova de que o cérebro está repleto de neurónios que imitam, ou espelham, o que outro ser faz. Esta classe de células cerebrais, até agora desconhecida, funciona como um Wi-Fi neural, permitindo-nos navegar no nosso mundo social. Quando detectamos, consciente ou inconscientemente, as emoções de outra pessoa através das suas acções, os nossos neurónios-espelho reproduzem essas emoções. Coletivamente, estes neurónios criam uma sensação instantânea de experiência partilhada. **Os neurónios-espelho** têm particular importância nas organizações, porque as emoções e acções dos líderes levam os seguidores a refletir esses sentimentos e acções. Os efeitos da ativação dos circuitos neurais no cérebro dos seguidores podem ser muito poderosos. Num estudo recente, a nossa colega Marie Dasborough observou dois grupos: Um deles recebeu feedback negativo sobre o desempenho, acompanhado de sinais emocionais positivos - nomeadamente, acenos de cabeça e sorrisos; o outro recebeu feedback positivo, que foi dado de forma crítica, com carrancas e olhos fechados. Em entrevistas posteriores, realizadas para comparar os estados emocionais dos dois grupos, as pessoas que tinham recebido feedback positivo acompanhado de sinais emocionais negativos referiram sentir-se pior em relação ao seu desempenho do que os participantes que tinham recebido feedback negativo bem-humorado. De facto, a forma como a mensagem foi transmitida foi mais importante do que a própria mensagem. E toda a gente sabe que quando as pessoas se sentem melhor, têm um melhor desempenho. Assim, se os líderes obter o melhor dos seus colaboradores, devem continuar a ser exigentes, mas de forma a promover um clima positivo nas suas equipas. A velha abordagem da cenoura e do pau só por si não faz sentido neural; os sistemas de incentivos tradicionais simplesmente não são suficientes para obter o melhor desempenho dos seguidores. Eis um exemplo do que funciona de facto. Acontece que existe um subconjunto de neurónios-espelho cuja única função é detetar os sorrisos e gargalhadas das outras pessoas, provocando sorrisos e gargalhadas em troca. Um chefe que seja autocontrolado e sem humor raramente irá ativar esses neurónios nos membros da sua equipa, mas um chefe que se ria e dê um tom descontraído põe esses neurónios a trabalhar, provocando risos espontâneos e unindo a sua equipa no processo. Um grupo unido é aquele que tem um bom desempenho, como o nosso colega Fabio Sala demonstrou na sua investigação. Descobriu que os líderes com melhor desempenho provocavam o riso dos seus subordinados três vezes mais vezes, em média, do que os líderes com desempenho médio. A boa disposição, segundo outros estudos, ajuda as pessoas a receber informação de forma eficaz e a reagir de forma ágil e criativa. Por outras palavras, o riso é um assunto sério. Fez certamente a diferença num hospital universitário em Boston.

Dois médicos, a que chamaremos Dr. Burke e Dr. Humboldt, estavam a disputar o lugar de diretor executivo da empresa que geria este hospital e outros. Ambos chefiavam departamentos, eram excelentes médicos e tinham publicado muitos artigos de investigação amplamente citados em revistas médicas de prestígio. Mas os dois tinham personalidades muito diferentes. Burke era intenso, concentrado nas tarefas e impessoal. Era um perfeccionista implacável, com um tom combativo que mantinha a sua equipa sempre nervosa. Humboldt não era menos exigente, mas era muito acessível, até mesmo brincalhão, na relação com o pessoal, colegas e doentes. Os observadores notaram que as pessoas sorriam e provocavam-se umas às outras - e até diziam o que pensavam - mais no departamento de Humboldt do que no de Burke. Os talentos premiados acabavam muitas vezes por deixar o departamento de Burke; em contrapartida, as pessoas excepcionais gravitavam para o clima de trabalho mais quente de Humboldt . Reconhecendo o estilo de liderança socialmente inteligente de Humboldt, a direção da empresa hospitalar escolheu-o como novo diretor executivo.

Introdução

Os neurónios-espelho podem ajudar a explicar a nossa reação ao medo mas, acima de tudo, os neurónios-espelho demonstram como estamos ligados ao mundo e, mais importante ainda, uns aos outros. De facto, muitos chamaram-lhes os neurónios que formaram a civilização. Os neurónios-espelho no cérebro foram descobertos pela primeira vez num laboratório de neurociências em Parma, Itália, pela equipa de investigadores de Giacomo Rizzolatti. Tinham conseguido ligar um único neurónio num macaco macaco e, um dia, um investigador estava no laboratório e comeu um gelado (como se faz nos laboratórios em Itália). Quando levantou a mão para comer o , reparou que as células cerebrais do macaco se tinham ativado. O neurónio que tinham ligado era um neurónio motor (relacionado com o movimento). Estes são os neurónios maiores e, por isso, os mais fáceis de ligar (embora isso seja, por si só, um desafio, uma vez que os neurónios são coisas muito pequenas). A reação inicial foi pensar que se tratava de um erro do computador - afinal, o macaco não se mexia. Uma verificação mais aprofundada mostrou que não era o computador e, depois de o fazerem algumas vezes, acreditaram que tinham descoberto algo novo. Um neurónio de movimento do braço que se ativa quando se vê o braço de outra pessoa a mover-se. O artigo escrito depois disto foi inicialmente rejeitado por falta de interesse geral, uma vez que os editores da revista não conseguiram ver as amplas implicações deste facto. Mas, um pouco mais tarde, o artigo foi recebido de forma quase eufórica pela comunidade científica e pela comunidade em geral, tendo-se verificado um enorme fluxo de investigação sobre os neurónios-espelho. Muitos investigadores de alto nível debruçaram-se sobre este assunto, incluindo V. S. Ramachandran e Iacoboni. As implicações dos neurónios-espelho são enormes. Estamos ligados às pessoas que nos rodeiam - com os nossos neurónios-espelho que espelham as acções dos outros no nosso cérebro. De facto, quando estamos a ter uma boa conversa com um amigo, os nossos cérebros entram em sincronia - disparando em padrões semelhantes. Estar no mesmo comprimento de onda não é imaginário, é real. É biológico. O que a investigação posterior mostrou é que também podemos refletir intenções e isso tem sido fortemente implicado na forma como processamos a empatia. O que é certo é que captamos o que as pessoas estão a sentir e as nossas mentes podem começar espelhá-lo. Note-se que um neurónio-espelho é ativado a um nível abaixo do limiar. Mais do que isso, os neurónios-espelho foram também classificados por alguns como os neurónios que formaram a civilização. Devido a este efeito de espelhamento, estão fortemente associados à aprendizagem e à empatia - caraterísticas fortes nos seres humanos e, por isso, parecem fundamentais do ponto de vista evolutivo.

Definição:
Um neurónio-espelho é um neurónio que dispara tanto ao realizar uma ação como ao observar a mesma ação realizada por outra criatura (possivelmente não específica).

Um neurónio-espelho é um neurónio que dispara tanto quando um animal executa uma ação como quando o animal observa a mesma ação executada por outro animal (especialmente não específico). Assim, o neurónio "espelha" o comportamento de outro animal, como se o observador estivesse ele próprio a realizar a ação. Estes neurónios foram observados em primatas, em algumas aves e no homem. Nos seres humanos, foram encontrados na área de Broca e no córtex parietal inferior do cérebro. Alguns cientistas consideram os neurónios-espelho uma das descobertas mais importantes da neurociência na última década.

Os neurónios-espelho podem explicar a imitação da fala

Em primeiro lugar, no que diz respeito à imagem sonora, a existência de neurónios-espelho é consistente com duas teorias algo semelhantes da perceção da fala, a Teoria Motora da perceção da fala (Liberman, 1957; Liberman et al., 1967; Liberman e Mattingley, 1985) e a "hipótese do filtro articulatório", proposta por Vihman (1993, 2002). A teoria motora da perceção da fala, que teve origem muito antes da descoberta dos neurónios-espelho, defende que a representação mental da perceção da fala é feita em termos de categorias articulatórias motoras, por oposição a categorias acústicas (o que pode parecer mais provável, uma vez que a entrada para o ouvido é acústica). Se a perceção da preensão envolve alguns neurónios que também estão envolvidos no desempenho da preensão, é plausível a ideia de que a perceção de um determinado som falado envolve neurónios que também estão envolvidos no desempenho da fala desse som. Nestes termos, a extremidade "sonora" da relação gestual pode ser concebida como a intersecção de um esquema motor e de um esquema sensorial (auditivo). Os esquemas motores são configurações de neurónios que, quando activados, produzem movimentos corporais específicos reconhecíveis. E um esquema sensorial é uma configuração que, quando activada, produz uma imagem de algo na mente. E a ativação pode ser pouco intensa, como quando apenas ouvir uma palavra ou quando imaginamos pronunciá-la. Assim, a teoria motora da perceção da fala implica, nesta visão de "intersecção", neurónios-espelho nas representações fonéticas/fonológicas das palavras.

Os neurónios-espelho podem ajudar na representação de conceitos

O "sentido", conceito ou significado final da relação gestual é o padrão neural de ativação que constitui o "trazer à mente" de um determinado conceito. Também aqui, domínio concetual, existem provavelmente aspectos da organização dos neurónios-espelho. Os resultados do neurónio-espelho central podem ser aplicados de forma mais óbvia às representações mentais das acções corporais. Por exemplo, se os humanos estão organizados a este respeito como os macacos, a representação mental do conceito agarrar/agarrar envolve alguns neurónios que estão envolvidos tanto no ato de agarrar como na observação do agarrar. Assim, pensar em agarrar (por si próprio ou por outra pessoa) ativa estes neurónios-espelho. Do mesmo modo, parece provável que uma representação do conceito CAMINHAR/ANDAR envolva neurónios-espelho envolvidos tanto na observação como no ato de andar.

Comportamento AUTOMÁTICO possivelmente reflectindo a estrutura do neurónio espelho

Será útil começar por considerar os "comportamentos" que são involuntários, automáticos, reflexos ou inatos. O foco será nas respostas a estímulos percebidos que são rápidos, robustos e dificilmente sujeitos a supressão ou inibição. Devido à rapidez da resposta ao estímulo percepcionado e à quase impossibilidade de inibição ou supressão, estes são casos claros em que os mecanismos sensoriais e motores estão estreitamente ligados. Uma resposta automática imediata a um estímulo é, por definição, uma ação executada quando se percebe o estímulo. A ação e a perceção não são absolutamente instantâneas; cada uma ocorre durante um breve intervalo, a que chamaremos intervalo percetivo e intervalo motor. O início do intervalo percetivo precede ligeiramente o início do intervalo motor, mas em caso de respostas rápidas, os dois intervalos sobrepõem-se e é possível que os mesmos neurónios estejam envolvidos tanto na perceção como na execução da "mesma ação".

Importância dos neurónios-espelho na liderança empresarial

Desde há várias décadas, a investigação em psicologia do desenvolvimento, psicologia social e neurociência cognitiva tem-se centrado na capacidade humana de ter uma **"teoria da mente"** ou de **"mentalizar"** (por exemplo, Uta Frith e Christopher D. Frith, 2003), ou seja, de fazer atribuições sobre os estados mentais (desejos, crenças, intenções) dos outros. Esta capacidade está ausente nos macacos e só existe de forma rudimentar nos símios (Daniel J. Povinelli e Jess M. Bering, 2002). Desenvolve-se por volta dos cinco anos de idade e é afetada no autismo. A falta de uma teoria da mente na maioria das crianças autistas poderia explicar as falhas observadas na comunicação e na interação social. Estudos recentes de imagem em adultos normais e saudáveis têm-se centrado na capacidade de "mentalizar" e têm utilizado uma vasta gama de estímulos que representam as intenções, crenças e desejos das pessoas envolvidas (para uma revisão, ver Helen L. Gallagher & Frith, 2003). Vários estudos recentes, por exemplo, envolveram a imagiologia cerebral de indivíduos enquanto estes jogavam jogos estratégicos 2, Gallagher et al., 2002, Camerer e Bhatt, a publicar) com outro parceiro fora da sala do scanner. Os dois primeiros estudos examinam as áreas cerebrais envolvidas quando um sujeito joga contra um ator intencional (ou seja, outra pessoa) em comparação com o jogo contra um computador. O estudo de Camerer e Bhatt examina explicitamente a atividade cerebral em tarefas de escolha e em tarefas de formação de crenças. Todos estes estudos demonstraram repetidamente o envolvimento de uma área cerebral, uma parte do lobo pré-frontal medial chamada córtex paracingulado anterior. Esta área do cérebro não está apenas envolvida quando se mentaliza sobre os pensamentos, intenções ou crenças dos outros, mas também quando as pessoas estão a prestar atenção aos seus próprios estados. Frith e Frith (2003) sugerem que esta área serve para a formação de representações dissociadas de crenças sobre o mundo, "dissociadas" no sentido em que estão dissociadas do estado atual do mundo e que podem ou não corresponder à realidade. Uma linha de investigação relacionada tem-se centrado na investigação do mecanismo neural subjacente à nossa capacidade de **representar os objectivos e intenções dos outros** através da mera observação das suas acções motoras. Esta noção deriva da descoberta de que existem neurónios no córtex pré-motor do cérebro do macaco que disparam tanto quando o macaco executa uma ação com a mão como quando simplesmente observa outro macaco ou um humano a executar a mesma ação com a mão (Giacomo Rizzolatti et al. 1996). Foi sugerido que estes "neurónios-espelho" representam a base neural da imitação. Assim, quando imitamos alguém, primeiro observamos a ação e depois tentamos reproduzi-la. Mas como é que transformamos o que vemos em termos de input percetivo em conhecimento do que precisamos de fazer em termos de comandos motores? A descoberta dos neurónios-espelho demonstrou que existe um mecanismo de tradução no cérebro dos primatas que é automaticamente ativado quando vemos as acções dos outros. Além disso, Vittorio Gallese e Alvin Goldman (1998) sugerem que este sistema de espelho pode estar subjacente à nossa capacidade de partilhar os estados mentais dos outros, fornecendo-nos uma simulação automática das suas acções, objectivos e intenções. Uma codificação comum semelhante da produção e perceção da ação motora foi demonstrada no cérebro humano utilizando técnicas de imagem como o PET e a fMRI desde a descoberta destes "neurónios-espelho" (para uma revisão, ver Julie Grezes e Jean Decety, 2001).

Empatia

Para além da capacidade de compreender os estados mentais dos outros, os seres humanos também podem sentir empatia pelos outros, ou seja, partilhar os seus sentimentos e emoções na ausência de qualquer estímulo emocional direto para si próprios. Os seres humanos podem sentir empatia por outras pessoas grande variedade de contextos: para emoções e sensações básicas como a raiva, o medo, a tristeza, a alegria, a dor e a luxúria, bem como para emoções mais complexas como a culpa, o embaraço e o amor. A ideia de que um sistema neural permite que as pessoas partilhem os estados mentais dos outros foi recentemente alargada para incluir a capacidade de partilhar os seus **sentimentos e sensações** (por exemplo, Stephanie D. Preston e Frans B. M. de Waal, 2002). Como podemos compreender o que outra pessoa sente quando experimenta emoções como a tristeza ou a felicidade, ou sensações corporais como a dor, o tato ou as cócegas, na ausência de qualquer estímulo emocional ou sensorial no nosso próprio corpo? Influenciados pelos modelos de perceção-ação do comportamento motor e da imitação, Preston e de Waal (2002) propuseram um modelo neurocientífico de empatia, sugerindo que a observação ou a imaginação de outra pessoa num determinado estado emocional ativa automaticamente uma representação desse estado no observador, com respostas autonómicas e somáticas que lhe estão associadas. O termo "automático", neste caso, refere-se a um processo que não requer um processamento consciente e esforçado, mas que pode, no entanto, ser inibido ou controlado. Nos últimos dois anos, estudos de imagiologia começaram a investigar a atividade cerebral associada a diferentes respostas empáticas no domínio do tato, do olfato e da dor.

Os cientistas dizem que toda a gente pode ler mentes

A empatia permite-nos sentir as emoções dos outros, identificar e compreender os seus sentimentos e motivações e ver as coisas na sua perspetiva. A forma como geramos empatia continua a ser um tema de intenso debate na ciência cognitiva. Alguns cientistas acreditam agora que ter finalmente descoberto a sua raiz. Segundo estes cientistas, todos nós somos essencialmente leitores de mentes. "Os neurónios-espelho sugerem que fingimos estar no lugar mental de outra pessoa", diz Marco Iacoboni, neurocientista da Faculdade de Medicina da Universidade da Califórnia, em Los Angeles. **"De facto, com os neurónios-espelho não temos de fingir, praticamente na mente de outra pessoa."**
Leitores naturais da mente A teoria da simulação afirma que leitores naturais da mente. Colocamo-nos nos "sapatos mentais" de outra pessoa e usamos a nossa própria mente como modelo para a dela. Gallese defende que, quando interagimos com alguém, fazemos mais do que apenas observar o comportamento da outra pessoa. Ele acredita que representações internas das suas acções, sensações e emoções dentro de nós, como se fôssemos nós que nos movêssemos, sentíssemos e sentíssemos. Muitos cientistas acreditam que os

neurónios-espelho incorporam as previsões da teoria da simulação. "Partilhamos com os outros não só a forma como eles normalmente agem ou experimentam subjetivamente emoções e sensações, mas também os circuitos neurais que permitem essas mesmas acções, emoções e sensações: os sistemas de neurónios-espelho", disse Gallese ao LiveScience.

Os neurónios-espelho funcionam

Os neurónios-espelho são a caraterística cerebral que torna possível a empatia. Alguns neurologistas saudaram a sua descoberta nos anos 90 como o equivalente para a ciência da mente do que a descoberta do ADN foi para a biologia. Os neurónios-espelho são activados tanto quando se faz algo como quando se observa outra pessoa a fazer o mesmo. Assim, representam o mecanismo neurológico que nos permite colocarmo-nos no lugar dos outros. Há muito que os filósofos se interrogam sobre o que é conhecido como "o problema das outras mentes". Porque é que temos tanta certeza de que todas as outras pessoas estão conscientes? Normalmente, presumia-se que inferíamos de alguma forma a consciência dos outros a partir do seu comportamento. Se eles se parecem e se comportam como nós, devem ter um "eu interior" e sentimentos semelhantes aos nossos. Um problema com esta ideia é que estamos a experimentar a consciência apenas como um sentimento privado e dificilmente estamos a experimentar o nosso corpo da perspetiva de um estranho. Pense em como se sente quando se vê filmado; a pessoa que observa no filme não sente realmente o mesmo que você sente. Por outras palavras, por um lado, vemos os outros a mexerem-se mas não experimentamos as suas mentes e, por outro lado, experimentamos as nossas mentes mas não nos vemos a mexer. Além disso, quanto tempo passámos a tentar aprender como somos quando temos certas emoções? Quantas vezes, por exemplo, quando sentimos nojo, corremos para um espelho para ver como é uma expressão de nojo para a podermos reconhecer nos outros?

Mesmo assim, é capaz de reconhecer o que os outros sentem com bastante facilidade. Como é que isto pode ser feito? Não existem muitos "dados empíricos" nos quais possamos basear a nossa inferência da nossa própria mente para a mente dos outros. No entanto, esta é uma das coisas em que nos sentimos mais confiantes. De onde é que vem esta confiança? A descoberta dos neurónios-espelho resolve esta questão e os pormenores do seu funcionamento mostram que, na realidade, não fazemos inferências tão complexas e improváveis como os filósofos supunham. A forma como a natureza construiu criaturas empáticas capazes de uma socialização complexa é muito mais direta e simples. "Quando vejo a expressão facial de outra pessoa, e esta perceção me leva a experimentar essa expressão como um estado afetivo particular, não consigo este tipo de compreensão através de um argumento por analogia. A emoção do outro é constituída, experimentada e, portanto, diretamente compreendida através de uma simulação corporizada que produz um estado corporal partilhado. É a ativação de um mecanismo neural partilhado pelo observador e pelo observado que permite uma compreensão experimental direta", explicou Vittorio Gallese, do Departamento de Neurociências da Universidade de Parma, Itália.

O significado dos neurónios-espelho

Desde a descoberta dos neurónios-espelho, têm sido feitas grandes afirmações sobre a sua importância (por exemplo, por Ramachandran). Em particular, tem havido muita especulação sobre a evolução dos neurónios-espelho e a sua relação com a evolução da linguagem. Nos seres humanos, os neurónios-espelho encontram-se no córtex frontal inferior, perto da área de Broca, uma região linguística. Este facto levou a que se sugerisse que a linguagem humana evoluiu a partir de um sistema de desempenho/compreensão de gestos implementado nos neurónios-espelho. Os neurónios-espelho têm certamente o potencial de fornecer um mecanismo para a compreensão de acções, a aprendizagem por imitação e a simulação do comportamento de outras pessoas. No entanto, tal como acontece com muitas teorias da evolução da linguagem, há poucas provas diretas de ambos os lados. Os estudos também associam os neurónios-espelho à compreensão de objectivos e intenções. Fogassi et al. (2005) registaram a atividade de 41 neurónios-espelho no lobo parietal inferior (LIP) de dois macacos rhesus. O LIP há muito que é reconhecido como um córtex de associação que integra informação sensorial. Os macacos observaram um experimentador a pegar numa maçã e levá-la à boca ou a pegar num objeto e colocá-lo num copo. No total, 15 neurónios-espelho dispararam vigorosamente quando o macaco observou o movimento "agarrar para comer", mas não registaram qualquer atividade quando expostos à condição "agarrar para colocar". Para quatro outros neurónios-espelho, verificou-se o inverso: em resposta ao facto de o experimentador colocar a maçã no copo, mas não ao facto de a comer. Apenas o tipo de ação, e não a força cinemática com que os modelos manipulavam os objectos, determinava a atividade dos neurónios. Significativamente, os neurónios descarregavam antes de o macaco observar o modelo humano a iniciar o segundo ato motor (levar o objeto à boca ou colocá-lo num copo). Por conseguinte, os neurónios do LIP "codificam o mesmo ato (agarrar) de forma diferente de acordo com o objetivo final da ação em que o ato se insere" (664). Podem fornecer uma base neural para prever as acções subsequentes de outro indivíduo e inferir a intenção.

Liderança Biológica (Personalizável) para a Liderança dos Sentimentos

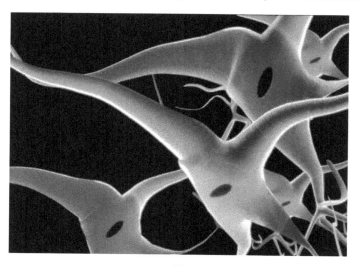

O achado mais significativo foi a descoberta dos "neurónios-espelho", uma classe de células cerebrais amplamente dispersas que funcionam como WiFi neural. Os neurónios-espelho acompanham o fluxo emocional, o movimento e até as intenções da pessoa com quem estamos e reproduzem este estado sentido no nosso próprio cérebro, agitando no nosso cérebro as mesmas áreas activas na outra pessoa. Os neurónios-espelho oferecem um mecanismo neural que explica o contágio emocional, a tendência de uma pessoa para captar os sentimentos de outra, sobretudo se forem fortemente expressos. Esta ligação cérebro-a-cérebro pode também explicar os sentimentos de empatia, que, segundo a investigação, dependem em parte da sincronização extremamente rápida da postura, do ritmo vocal e dos movimentos das pessoas enquanto interagem. Em suma, estas células cerebrais parecem permitir a orquestração interpessoal de mudanças na fisiologia. A proximidade emocional permite que a biologia de uma pessoa influencie a da outra. De acordo com estas descobertas, somos potencialmente inimigos ou aliados biológicos uns dos outros.

A capacidade de ler a mente dos outros é natural

Enterradas bem fundo no crânio, existem células cerebrais especiais que lêem a mente dos outros e conhecem as suas intenções. Denominadas neurónios-espelho, estas células disparam em resposta ao "reflexo" de outra pessoa. Quer levante a sua chávena de café ou veja o seu colega de trabalho a levantar a dele, os neurónios respondem a ambas as acções como se fossem iguais. Os neurocientistas acreditam que estas células são o que permite aos humanos - e a alguns primatas - sentir empatia e compaixão pelos outros. Um estudo realizado por investigadores da Universidade da Califórnia, em San Diego, associa o funcionamento incorreto destas pequenas células a uma forma ligeira de autismo conhecida como síndrome de Asperger. Um estudo de imagens do cérebro de 10 rapazes autistas revelou que os seus neurónios-espelho não disparam em resposta aos movimentos de outra pessoa. O autismo é uma perturbação cerebral caracterizada por défices na interação social e nas capacidades de comunicação.

Forte ligação mental entre acções e palavras

A neurociência está a resolver um problema que obcecou Hamlet: Qual é a diferença, na nossa mente, entre falar e agir? Menos do que seria de esperar, segundo um grupo de investigação internacional publicado na edição de 19 de setembro da revista Current Biology. O córtex pré-motor do cérebro apresenta o mesmo padrão de atividade quando os indivíduos observam uma ação e quando ouvem palavras que descrevem a mesma ação, afirmam os autores do estudo. Se ouvirmos a palavra "agarrar", é o córtex pré-motor que está ativo, e não apenas uma área semântica abstrata e separada do cérebro", disse a investigadora principal Lisa Aziz Zadeh, professora assistente de ciências do trabalho com uma nomeação conjunta no Instituto do Cérebro e da Criatividade da Faculdade de Letras, Artes e Ciências da USC. Há muito que o córtex pré-motor foi identificado como um centro de atividade para as acções. A noção de que poderia também processar descrições verbais dessas acções encontrou alguma resistência. "A neurociência está a aceitar esta ideia, mas não muitos dados que a apoiem", disse Aziz-Zadeh. Para alterar esta situação, Aziz-Zadeh recrutou 12 voluntários e utilizou a ressonância magnética funcional (fMRI) para comparar as mesmas áreas do córtex pré-motor no mesmo indivíduo, enquanto este observava uma ação e ouvia a linguagem que descrevia essa ação. A área pré-motora envolvida durante a observação de uma ação específica, como dar um pontapé, também se iluminava quando o sujeito ouvia a palavra correspondente. Este foi o primeiro estudo a fazer uma comparação tão direta, disse Aziz-Zadeh. Outros estudos encontraram atividade nas mesmas áreas durante a execução de uma ação, acrescentou Aziz-Zadeh, oferecendo provas indirectas da existência de sistemas de "neurónios-espelho" que se activam tanto quando uma pessoa executa uma tarefa como quando observa outra pessoa a executar a tarefa. "O estudo demonstra a ligação íntima entre a forma como falamos de acções e a maquinaria neural que suporta essas acções. Isso é muito intrigante", afirmou Michael Arbib, professor da Universidade da USC. Arbib observou também a diferença acentuada entre as respostas dos sujeitos a afirmações de ação literais (como "morder o pêssego") e a acções metafóricas ("morder mais do que se pode mastigar" ou "dar o pontapé de saída"). "A metáfora parece não ativar as áreas de ação tanto como uma declaração de ação direta", disse, prevendo que, em estudos futuros, o córtex pré-motor responderá mais fortemente a imagens novas do que a "metáforas congeladas", também conhecidas como clichés - uma descoberta que provavelmente não deixará ninguém de boca aberta, nem de queixo caído. Arbib realizou um dos primeiros estudos sobre os neurónios-espelho em humanos com Giacomo Rizzolatti, da Universidade de Parma, em Itália. Em 1998, ele e Rizzolatti co-escreveram "Language within Our Grasp", um artigo frequentemente citado que propunha que os neurónios-espelho estão envolvidos na linguagem. (Arbib também editou "From Action to Language via the Mirror System", um livro a publicar em breve pela Cambridge University Press). Rizzolatti, que descobriu os neurónios-espelho em 1996, colaborou com Aziz-Zadeh no seu estudo atual. Os outros co-autores são Stephen Wilson e Marco Iacoboni da UCLA.

Os neurónios-espelho também respondem à linguagem e ao som
Os neurónios-espelho continuam a iluminar a imaginação dos neurocientistas, uma vez que vários novos estudos mostram que as células nervosas respondem a mais do que apenas estímulos visuais. Em vários relatórios publicados na edição de 19 de setembro da revista *Current Biology,* os neurocientistas fornecem provas de que os neurónios-espelho são multimodais - são activados não só pela observação de acções, mas também pela audição e leitura das mesmas. Um trabalho liderado por Lisa Lisa Aziz-Zadeh, neurocientista da Universidade do Sul da Califórnia, descobriu que o córtex pré-motor do cérebro apresenta a mesma atividade quando os indivíduos observam uma ação e quando lêem palavras que a descrevem. "As áreas espelhadas que mais responderam à observação de acções bucais também responderam mais à leitura de frases sobre acções bucais", afirmou Aziz-Zadeh. "Isto indica que, para além

da execução, da observação da ação e dos sons das acções, estes neurónios podem também ser activados por representações abstractas das acções, nomeadamente a linguagem." Até agora, os investigadores tinham apenas especulado que os neurónios-espelho poderiam ser importantes para a linguagem, acrescentou. O estudo de Aziz-Zadeh foi realizado em coautoria com Giacomo Rizzolatti, da Universidade de Parma, em Itália, que, em 1996, descobriu acidentalmente o intrigante subconjunto de neurónios, localizados no córtex pré-motor do cérebro. Rizzolatti descobriu que estas células no cérebro de macacos macacos disparam não só quando os macacos executam uma ação, mas também quando observam outro macaco a executá-la. Para o estudo recente, a equipa de Aziz-Zadeh e Rizzolatti localizou neurónios-espelho em seres humanos utilizando ressonância magnética funcional e, em seguida, comparou quais as células activadas quando os sujeitos observavam uma ação e quais respondiam quando os sujeitos liam sobre a ação. Descobriram que ler sobre os movimentos das mãos activava os mesmos neurónios-espelho que fazer os movimentos. Um segundo estudo, com coautoria de Aziz-Zadeh e liderado por Valeria Gazzola e Christian Keysers, cientistas cognitivos da Universidade de Groningen, nos Países Baixos, descobriu que os neurónios-espelho também respondem ao ruído. Para exemplo, os neurónios-espelho que disparam quando alguém come uma batata frita também disparam quando simplesmente se ouve outra pessoa a comer o mesmo snack. Simone Schütz-Bosbach, neurocientista da University College London, afirmou que a investigação sobre os neurónios-espelho lança uma nova luz sobre a relação entre o sentir e o fazer. "A investigação dos últimos anos parece sugerir que a perceção e a ação estão intimamente ligadas e não separadas", afirmou. O seu próprio estudo sobre o papel que os neurónios-espelho desempenham na diferenciação entre o eu e o outro - que também aparece na edição da Current Biology - faz eco do que alguns neurocientistas inferiram: Uma rede de neurónios-espelho desempenha um papel na capacidade dos seres humanos de aprender através da imitação, utilizar a semântica na linguagem e sentir empatia. "Compreender as acções dos outros é uma função chave na comunicação social", disse Schütz-Bosbach. A reencenação através dos neurónios-espelho, disse, "provavelmente ajuda-nos a compreender o que outra pessoa está a fazer e porquê e, mais importante, o que essa pessoa fará a seguir".

Método de investigação

Objetivo

Estabeleci como principal objetivo da minha investigação saber como os neurónios-espelho e a Liderança Sentimental têm uma importância fundamental na liderança empresarial global dos dias de hoje ao nível da gestão empresarial internacional e estabelecer uma nova teoria com o meu novo termo **"Liderança Sentimental utilizando Neurónios-espelho"** e provar o mesmo com o desenvolvimento de modelos e estatísticas de investigação após a realização. A minha investigação tem grandes necessidades do cenário empresarial atual e ajuda a práticas empresariais modernas e tem igualmente uma expansão para novas investigações para os níveis seguintes em liderança empresarial internacional, liderança de marketing internacional com análise de diferentes domínios para implementar novos Sistemas de Inteligência de Liderança a nível global. Estou continuamente a rever várias teses, trabalhos de investigação, artigos, notícias e livros brancos e defini o meu objetivo de investigação para cunhar uma nova teoria de liderança chamada "Feeling Leadership" usando "Mirror Neurons".

No meu trabalho, desenvolvi modelos e também passei por uma recolha de dados de investigação após uma pesquisa bibliográfica e descobri vários aspectos novos sobre a forma como a neurociência está ligada aos neurónios-espelho e como estes precisam de implementar uma teoria de liderança nova e muito emergente, a "Liderança Sentimental". De acordo com o meu conhecimento, estes factores são fortemente interdependentes entre si e têm grande importância e emergência na liderança e gestão de negócios internacionais para a expansão e crescimento de negócios a nível mundial com perspectivas futuras de negócios.

Hipótese

A minha hipótese é saber três coisas principais, que são

- É e como a neurociência é útil na teoria da liderança e o termo conhecido mundialmente como "Liderança Biológica".
- O neurónio-espelho é uma parte importante do "Sentimento de Liderança" e, em caso afirmativo, até que ponto?
- Se e como a Liderança Sentimental é útil e importante para desenvolver/engendrar e implementar padrões internacionais e uma liderança aceitável a nível mundial.

Estabeleci a minha hipótese para as hipóteses acima referidas, Null, e realizei uma investigação para conhecer os resultados e testar a minha hipótese e, com garantia, transformei a hipótese nula em hipótese positiva após a recolha de dados, ou seja, Null H0 para verificar se H+ positivo ou H- negativo com uma forte suposição Hipótese positiva H+ e realizei uma investigação para modelação e recolha e interpretação de dados.

Hipótese alternativa	Deve ler-se como segue
H1: $\mu \neq \mu$ H0	A hipótese alternativa é que a média da população não é igual a 100, ou seja, pode ser maior ou menor que 100
H1 : $\mu > \mu$ H0	A hipótese alternativa é que a média da população é superior a 100
H1 : $\mu < \mu$ H0	A hipótese alternativa é que a média da população é inferior a 100

O PROCESSO DE INVESTIGAÇÃO

Vários autores tentaram enumerar as etapas do processo de investigação, mas não foram conclusivos. No entanto, o processo de investigação consiste, de um modo geral, nas seguintes etapas e segue predominantemente uma ordem sequencial, tal como se descreve a seguir.

1. Formulação do problema

2. Desenvolvimento de uma abordagem ao problema

3. Conceção da investigação

4. Seleção das técnicas de recolha de dados

5. Técnicas de amostragem

6. Trabalho de campo ou recolha de dados

7. Análise e interpretação

8. Preparação e apresentação de relatórios

As etapas acima mencionadas podem ser divididas em três grupos, como se segue:

Em primeiro lugar, há o início ou o planeamento de um estudo, que compreende as quatro etapas iniciais do nosso modelo: determinação (1) da formulação do problema, (2) desenvolvimento de uma abordagem ao problema (3) conceção da investigação (4) seleção das técnicas de recolha de dados (5) técnicas de amostragem.

Em segundo lugar, há (6) trabalho de campo ou recolha de dados

Em terceiro lugar, há (7) a análise e interpretação dos dados e (8) a preparação e apresentação do relatório.

IDENTIFICAÇÃO DO PROBLEMA

O ponto de partida de qualquer investigação é formular o problema e mencionar os objectivos antes de especificar quaisquer variáveis ou medidas. Isto implica definir o problema em termos claros. A definição do problema implica a enunciação do problema geral e a identificação das componentes específicas do problema de investigação. Os componentes do problema de investigação incluem (1) o decisor e os objectivos (2) o ambiente do problema (3) cursos de ação alternativos (4) um conjunto de consequências relacionadas com os cursos de ação e a ocorrência de eventos que não estão sob o controlo do decisor e (5) um estado de dúvida quanto ao melhor curso de ação. Aqui, são discutidas as duas primeiras componentes do problema de investigação, enquanto as outras não estão bem dentro do âmbito, embora não o ultrapassem.

A formulação do problema é considerada como a mais importante de todas as outras etapas, devido ao facto de um problema identificado de forma clara e precisa conduzir a uma condução eficaz das outras etapas envolvidas no processo de investigação. Além disso, esta é a tarefa mais difícil, uma vez que o resultado produz informações que abordam diretamente a questão da gestão, embora o resultado final seja que a gestão compreenda plenamente as informações e tome medidas com base nelas. Por conseguinte, compreendemos que a exatidão do resultado depende da forma como a investigação é realizada no ponto de partida.

A formulação do problema consiste em traduzir o problema de gestão num problema de investigação. Implica a definição do problema geral e a identificação das componentes específicas do problema de investigação. Esta etapa e as conclusões daí resultantes ajudarão a definir o problema de decisão de gestão e o problema de investigação.

O problema de investigação não pode existir isoladamente, uma vez que é um resultado do problema de decisão da direção. O problema de decisão da direção pode ser, por exemplo, saber se manter o sábado como dia de trabalho aumentaria a produtividade. O problema de investigação associado ao exemplo acima referido pode ser o impacto da manutenção do sábado como dia de trabalho no moral dos trabalhadores. A tarefa do investigador consiste em investigar o moral dos trabalhadores. Assim, entende-se que o investigador é, talvez, um meio científico para resolver o problema de gestão que o decisor enfrenta.

PAPEL DA INFORMAÇÃO NA FORMULAÇÃO DE PROBLEMAS

A formulação do problema começa com um processo sólido de procura de informação por parte do investigador. O decisor é o fornecedor de informações relativas ao problema no início do processo de investigação (formulação do problema), bem como o utilizador das informações que germinam no final do processo de investigação. Dada a importância de uma formulação exacta do problema, a investigação deve ter o cuidado suficiente para garantir que o processo de procura de informações se enquadre nos limites éticos de uma verdadeira investigação. O investigador pode utilizar diferentes tipos de informação na fase de formulação do problema. São eles:

1. Informações subjectivas, ou seja, aquelas que se baseiam em experiências passadas, conhecimentos especializados, pressupostos, sentimentos ou juízos do decisor, sem qualquer recolha sistemática de factos. Estas informações estão normalmente disponíveis de imediato.

2. As informações secundárias são as que foram recolhidas e interpretadas pelo menos uma vez para uma situação específica que não a atual. A disponibilidade deste tipo de informação é normalmente elevada.

3. As informações primárias referem-se a informações obtidas em primeira mão através de um processo de investigação formalizado para uma situação problemática específica e atual.

A fim de compreender melhor a formulação do problema, o investigador pode tender a classificar a informação recolhida em quatro tipos. A categorização das informações é efectuada com base na qualidade e na complexidade das informações recolhidas. São elas:

1. Os factos são informações de qualidade muito elevada e com um grau mais elevado de exatidão e fiabilidade. Podem ser absolutamente observáveis e verificáveis. Não são complicados e são fáceis de compreender e utilizar.

2. As estimativas são informações cujo grau de qualidade se baseia na representatividade das fontes dos factos e nos procedimentos estatísticos utilizados para as criar. São mais complexas do que os factos devido aos procedimentos estatísticos envolvidos na sua obtenção e à probabilidade de erros.

3. As previsões são informações de menor qualidade devido à perceção do risco e da incerteza das condições futuras. Têm maior complexidade e são difíceis de compreender e utilizar para a tomada de decisões, uma vez que são estimativas ou projecções para o futuro.

4. As relações são informações cuja qualidade depende da exatidão das afirmações do investigador sobre as inter-relações entre conjuntos de variáveis. Apresentam o mais alto grau de complexidade, pois envolvem qualquer número de caminhos de relações com diversas variáveis sendo analisadas simultaneamente.

ABORDAGENS DO PROBLEMA

Os resultados do processo de desenvolvimento da abordagem devem incluir os seguintes componentes: (i) Objetivo/quadro teórico (ii) modelo analítico (iii) questões de investigação (iv) hipótese. Cada um destes componentes é discutido de seguida:

(i) ***Objetivo/quadro teórico:*** Cada investigação deve ter um quadro teórico e provas objectivas. O quadro teórico é um esquema concetual que contém:

um conjunto de conceitos e definições

um conjunto de afirmações que descrevem as situações em que a teoria pode ser aplicada

um conjunto de enunciados relacionais divididos em: axiomas e teoremas

As provas teóricas são muito importantes na investigação, pois permitem identificar as variáveis que devem ser investigadas. Também conduzem à formulação da definição operacional do problema de marketing. Uma definição operacional é um conjunto de procedimentos que descrevem as actividades que se devem realizar para estabelecer empiricamente a existência ou o grau de existência de um conceito.

O conceito operacional permite compreender melhor o significado dos conceitos especificados e explicar os procedimentos de teste que fornecem critérios para a aplicação empírica dos conceitos. A definição operacional especificaria um procedimento que envolve, por exemplo, uma máquina de pesagem que mede o peso de uma pessoa ou de um objeto.

(ii) ***Modelo analítico:*** Um modelo analítico pode ser referido como uma semelhança de algo. Consiste em símbolos referentes a um conjunto de variáveis e suas inter-relações representadas em arranjos lógicos destinados a representar, no todo ou em parte, algum sistema ou processo real.

É uma representação da realidade que explicita as relações significativas entre os aspectos. Permite a formulação de proposições empiricamente testáveis sobre a natureza dessas relações. Um modelo empírico refere-se à investigação que utiliza dados derivados da observação ou experimentação reais.

(iii) **Questões de investigação:** As perguntas de investigação são afirmações refinadas dos componentes específicos
do problema. Trata-se de uma afirmação que determina o fenómeno a estudar. As questões de investigação devem ser formuladas de forma inequívoca e, por conseguinte, ajudarão o investigador a identificar os componentes do problema. A formulação das questões deve ser fortemente orientada pela definição do problema, pelo quadro teórico e pelo modelo analítico. Os conhecimentos adquiridos pelo investigador na sua interação com o decisor devem ser tidos em conta, uma vez que constituem por vezes a base das questões de investigação.
O investigador deve ser extremamente cauteloso na formulação das questões de investigação, uma vez que estas são o precursor do desenvolvimento das hipóteses. Qualquer falha nas questões de investigação pode conduzir a uma hipótese incorrecta. As questões seguintes podem ser colocadas aquando da elaboração das questões de investigação:
a) Conheço a área de investigação e a sua literatura?
b) Quais são as questões de investigação pertinentes para a área de investigação?
c) Quais são os domínios que não foram explorados pelos investigadores anteriores?

d) O meu estudo conduziria a uma maior compreensão da área de estudo?

e) Existe um número suficiente de literatura disponível nesta área temática?

f) O meu estudo é novo, contribuindo assim para a sociedade, ou já foi feito anteriormente?

(iv) *Hipótese:* As hipóteses podem ser designadas como respostas provisórias a um problema de investigação. A estrutura de uma hipótese implica afirmações conjecturais relativas a duas ou mais variáveis. São deduzidas de teorias, diretamente da observação, intuitivamente ou de uma combinação destas. As hipóteses deduzidas a partir de qualquer um dos meios têm quatro caraterísticas comuns. Devem ser claras, isentas de valores, específicas e susceptíveis de serem testadas empiricamente.

As hipóteses podem ser vistas como afirmações que indicam a direção da relação ou o reconhecimento de diferenças entre grupos. No entanto, o investigador pode não ser capaz de formular hipóteses em todas as situações. Pode acontecer que uma determinada investigação não justifique uma hipótese ou que não exista informação suficiente para desenvolver as hipóteses.

CONCEPÇÃO DA INVESTIGAÇÃO

A conceção da investigação é absolutamente essencial na investigação, independentemente do tipo de investigação (por exemplo, exploratória ou descritiva), uma vez que garante que os dados recolhidos são adequados, económicos e exactos. Garante igualmente que o projeto de investigação realizado seja eficaz e eficiente. Uma conceção da investigação suficientemente formulada garante que a informação recolhida é coerente com os objectivos do estudo e que os dados são recolhidos através de procedimentos precisos.

procedimentos exactos. Uma vez que as concepções de investigação nascem dos objectivos, a exatidão e a adequação de uma conceção de investigação dependem da definição inequívoca dos objectivos.

TIPOS DE CONCEPÇÃO DA INVESTIGAÇÃO

São estabelecidos dois tipos de conceção da investigação em função da natureza dos objectivos ou dos tipos de investigação.

1 Conceção da investigação exploratória

É adequado quando o objetivo da investigação é fornecer informações sobre

(i) identificar os problemas ou oportunidades

(ii) definir o problema de forma mais precisa,

(iii) obter uma visão mais profunda das variáveis que actuam numa situação

(iv) Identificação de linhas de ação relevantes

(v) Estabelecimento de prioridades relativamente à importância potencial de um problema ou oportunidade

(vi) Obtenção de conhecimentos adicionais antes de se poder desenvolver uma abordagem e

(vii) Recolha de informações sobre os problemas associados à realização de investigação conclusiva. Grande parte da investigação tem sido de natureza exploratória, centrando-se na descoberta de práticas ou políticas que precisam de ser alteradas e no desenvolvimento de alternativas possíveis.

Ao examinar os objectivos da investigação exploratória, compreende-se que esta pode ser utilizada nas fases iniciais do processo de tomada de decisão. Permite ao comerciante compreender melhor algo sobre o qual o investigador não tem conhecimentos suficientes. Isto ajuda o decisor e o investigador em situações em que o conhecimento que têm da situação problemática e/ou das alternativas de ação é insuficiente. Em suma, a investigação exploratória é utilizada na ausência de modelos experimentados e de conceitos definidos.

A investigação exploratória também pode ser utilizada em conjunto com outras investigações. Tal como referido mais adiante, uma vez que é utilizada como primeira etapa do processo de investigação, definindo o problema, serão utilizadas posteriormente outras concepções como etapas para resolver o problema. Por exemplo, pode ser utilizado em situações em que a empresa se encontra numa situação difícil em termos de volume de vendas, o investigador pode desenvolver uma investigação exploratória para desenvolver explicações prováveis. A análise dos dados gerados pela investigação exploratória é essencialmente uma abstração e uma generalização. A abstração refere-se à tradução das observações empíricas, medições, etc. em conceitos; a generalização significa organizar o material de modo a concentrar-se nas estruturas que são comuns a todos ou à maioria dos casos.

A conceção da investigação exploratória caracteriza-se melhor pela sua flexibilidade e versatilidade. Isto deve-se à ausência de uma estrutura não imperativa na sua conceção. Envolve predominantemente a imaginação, a criatividade e o engenho do investigador. Exemplos de investigação exploratória são: inquérito a peritos para validar um instrumento; estudos-piloto realizados para verificar a fiabilidade de um questionário; utilização de dados secundários para os analisar de forma qualitativa; investigação qualitativa.

2 Conceção conclusiva da investigação

Envolve o fornecimento de informações sobre a avaliação de cursos de ação alternativos e a seleção de um de entre um número disponível para o investigador. A investigação conclusiva é novamente classificada como:

(i) Investigação descritiva, e

(ii) Investigação causal.

(i) ***Investigação descritiva:*** É simples de entender, pois o próprio nome sugere que se trata de descrever algo, por exemplo:

(a) Condições de mercado;

(b) caraterísticas ou funções;

(c) estimar a percentagem de clientes de um determinado grupo que apresentam o mesmo comportamento de compra;

(d) Percepções das caraterísticas do produto; e

(e) prever o padrão de comportamento da caraterística em relação à outra

A maioria dos estudos de investigação são estudos descritivos. Uma vez que os estudos de investigação envolvem a investigação dos clientes/consumidores, a recolha de dados inclui a interrogação dos inquiridos no mercado e os dados disponíveis em fontes de dados secundárias. No entanto, não se pode concluir que os estudos descritivos devam ser simplesmente um processo de recolha de factos. O estudo descritivo lida com os inquiridos no mercado e, por isso, é preciso ter muito cuidado ao desenvolver este estudo. Deve ser feito um grande planeamento; os objectivos devem ser mais claros do que os estudos exploratórios.

Na investigação descritiva, os dados são recolhidos com um objetivo específico e definido e implicam uma análise e interpretação por parte do investigador. A principal diferença entre a investigação exploratória e a descritiva é que a investigação descritiva se caracteriza pela formulação de objectivos específicos. O sucesso dos estudos descritivos depende do grau em que uma hipótese específica actua como guia.

Os estudos descritivos restringem a flexibilidade e a versatilidade em comparação com a investigação exploratória. Implica um grau mais elevado de conceção formal, especificando os métodos de seleção das fontes de informação e de recolha de dados a partir dessas fontes. A conceção formal é necessária para garantir que a descrição abrange todas as fases pretendidas. É também necessária para evitar a recolha de dados desnecessários. Os estudos descritivos requerem uma especificação clara de quem, quando, onde, o quê, porquê e como.

Inquéritos

Pode parecer que os estudos de campo e os inquéritos não são diferentes, mas são a mesma coisa. No entanto, por razões práticas, são classificados em duas categorias de investigação transversal. A diferença fundamental reside na profundidade do que estas investigações abrangem. Enquanto o inquérito tem um âmbito mais alargado, o estudo de campo tem uma maior profundidade. O inquérito tenta ser representativo de um universo conhecido e o estudo de campo preocupa-se menos com a criação de grandes amostras representativas e mais com o estudo aprofundado de algumas situações típicas.

A conceção transversal pode ser única ou múltipla, consoante o número de amostras retiradas de uma população. Na conceção transversal única, é retirada apenas uma amostra de inquiridos, ao passo que nas concepções transversais múltiplas, há duas ou mais amostras de inquiridos. Um tipo de conceção transversal múltipla de especial interesse é a análise de coortes.

A análise de coortes consiste numa série de inquéritos realizados em intervalos de tempo adequados, em que a coorte serve como unidade básica de análise. Uma coorte é um grupo de inquiridos que vivenciam o mesmo acontecimento no mesmo intervalo de tempo.

NÍVEIS DE MEDIÇÃO

Os investigadores utilizam normalmente quatro níveis de escalas de medição. São eles:

a) Escala nominal

b) Escala ordinal

c) Escala intervalar

d) Escala de rácio

1 Escala nominal

A escala nominal é uma escala categórica utilizada para identificar, rotular ou categorizar objectos, pessoas ou acontecimentos.

Um exemplo familiar é a utilização de um sistema de numeração alternativo pelo nosso professor de Educação Física, nos nossos tempos de escola, para nos envolver num jogo. O professor formava dois grupos, um com o número 1 e o outro com o número 2. Os números 1 e 2 são atribuídos a dois grupos e os membros pertencentes ao grupo 1 fariam parte exclusivamente do grupo 1 e os membros pertencentes ao grupo 2 fariam parte exclusivamente do grupo 2. No entanto, a atribuição dos números não indica qualquer ordem ou posição para o grupo que representa. A troca dos números de outra forma também teria o mesmo efeito, na medida em que a ordem ou a posição não se alteraria.

As escalas nominais são a forma mais baixa de medição. A regra simples a seguir na elaboração de uma escala nominal: Não atribuir os mesmos números a diferentes objectos ou acontecimentos, nem números diferentes ao mesmo objeto ou acontecimento. No marketing, as escalas nominais são utilizadas em muitas ocasiões. Por exemplo, a escala nominal é utilizada para identificar e classificar marcas, regiões de vendas, conhecimento das marcas, estatuto profissional das mulheres, etc.

Nos dados gerados utilizando uma escala nominal, os tipos de análise estatística adequados são a moda, as percentagens e o teste do qui-quadrado. Apenas a moda pode ser utilizada como medida de tendência central. A média e a mediana podem ser utilizadas em dados nominais, uma vez que envolvem propriedades de nível superior do sistema numérico. Os investigadores devem ter o cuidado de identificar o tipo de escalas antes de aplicarem qualquer técnica estatística. O investigador pode não ser capaz de fazer qualquer inferência significativa a partir do valor médio ou mediano obtido a partir de dados nominais.

2 Escalas ordinais

A escala ordinal é uma escala de classificação que indica uma relação ordenada entre os objectos ou acontecimentos. Implica a atribuição de números aos objectos para indicar o grau relativo em que os objectos possuem uma determinada caraterística. Mede se um objeto ou acontecimento tem a mesma caraterística que outro objeto ou acontecimento. É uma melhoria em relação à escala nominal, na medida em que indica uma ordem. No entanto, esta escala não indica quanto mais ou menos da caraterística os vários objectos ou acontecimentos possuem. O termo "quanto" refere-se a classificações que não indicam se a segunda classificação é um segundo próximo ou um segundo fraco em relação à primeira classificação.

Os dados gerados utilizando a escala ordinal aparecem como classificações em que o objeto classificado em primeiro lugar tem mais caraterísticas do que os objectos classificados em segundo ou terceiro lugar. Assim, a caraterística importante da escala ordinal em relação à escala nominal é que indica a posição relativa e não a magnitude da diferença entre os objectos. Na investigação, as escalas ordinais são utilizadas para medir atitudes, opiniões, percepções relativas, etc. A maior parte dos dados recolhidos pelo processo de interrogação das pessoas tem propriedades ordinais. Para ilustrar, um comerciante pode estar interessado em conhecer as preferências dos clientes relativamente a várias marcas. Pode pedir-se aos clientes que classifiquem os produtos em termos da sua preferência.

Os números atribuídos a um determinado objeto ou acontecimento nunca podem ser alterados em escalas ordinais. Qualquer violação deste princípio resultaria em resultados confusos para o investigador. A média não é uma estatística adequada para uma escala ordinal.

3 Escala de intervalos

A escala de intervalo é também designada por escala de classificação. Envolve a utilização de números para classificar objectos ou acontecimentos. Nas escalas intervalares, distâncias numericamente iguais na escala representam valores iguais na caraterística que está a ser medida. A escala intervalar é mais avançada do que a escala ordinal porque tem todas as propriedades de uma escala ordinal e permite ao investigador comparar as diferenças entre objectos. Possui também a propriedade de igualdade de diferença entre cada nível de medida. A caraterística desta escala é que a diferença entre quaisquer dois valores da escala é idêntica à diferença entre quaisquer outros dois valores adjacentes de uma escala intervalar.

Exemplos de escalas de intervalos são as escalas Fahrenheit e Celsius.

As escalas intervalares também colocam restrições à atribuição de valores aos pontos da escala. O zero que pode ser atribuído é um zero arbitrário e não um zero natural. A arbitragem envolve a liberdade de colocar o valor zero em qualquer ponto. Existe um intervalo constante ou igual entre os valores da escala.

Na investigação, a maior parte dos estudos sobre atitudes, opiniões e percepções é feita com recurso a escalas tratadas como escalas intervalares. Todas as técnicas estatísticas que são utilizadas em escalas nominais e ordinais podem também ser utilizadas em dados gerados com escalas intervalares.

4 Balanças de rácio

As escalas de razão diferem das escalas de intervalo pelo facto de terem um zero natural/absoluto. Possui todas as propriedades das escalas normal, ordinal e intervalar. Os dados gerados utilizando escalas de rácio podem ser identificados, classificados em categorias, ordenados e comparados com outras propriedades. Também pode ser expressa em termos de relatividade, na medida em que uma pode ser expressa em termos de uma divisão da outra. Por conseguinte, podem ser designadas por escalas relativas.

As escalas de rácios têm um grande número de aplicações na investigação. Incluem vendas, quota de mercado, custos, idades e número de clientes. Em todos estes casos, existe um zero natural. Todas as técnicas estatísticas podem ser aplicadas a dados de rácios.

TÉCNICAS DE ESCALONAMENTO

Um problema de investigação bem concebido implica um processo de medição bem concebido. O processo de medição é um aspeto fundamental de qualquer investigação. É a fase em que se tenta efetivamente descobrir a realidade através da sua medição. Os decisores estão mais interessados, uma vez que as etapas anteriores a esta etapa são puramente descritivas e é nesta etapa que ocorre a quantificação efectiva.

Desenvolver medidas eficazes de marketing não é uma tarefa fácil. As medidas devem ser isentas de erros de medição. Pode haver situações desastrosas em que o profissional de marketing pode ficar confuso com os resultados dos dados. Se ele estiver bem ciente dos resultados confusos, então pode descartar as conclusões que emergem da análise dos dados. Isto requer muita sabedoria e conhecimento para identificar se os dados que resultaram da medição são consistentes, inequívocos, etc. Mas, infelizmente, os profissionais de marketing podem não estar interessados em saber, ou melhor, não saberiam o tipo de escalas utilizadas para medir os aspectos envolvidos no problema de marketing. Qualquer decisão tomada com base nos resultados teria muitas implicações negativas para a organização. Por conseguinte, é imperativo que o investigador seja suficientemente sensato para desenvolver escalas de medição que captem a propriedade correta de forma adequada.

As técnicas de classificação utilizadas na investigação podem ser classificadas, em termos gerais, em escalas comparativas e não comparativas. As escalas comparativas, como o seu nome indica, derivam do facto de todas as classificações serem comparações que envolvem julgamentos relativos.

Envolve a comparação direta dos objectos de estímulo. Contém apenas propriedades ordinais ou de ordem de classificação. É também designada por escalas não métricas, na medida em que não permite quaisquer operações numéricas contra todas as que podem ser aplicadas em escalas de intervalos e de rácios. As escalas comparativas implicam a comparação direta de objectos de estímulo.

RECOLHA DE DADOS

A etapa seguinte do processo de investigação, depois de identificado o tipo de investigação que o investigador pretende realizar, é a decisão sobre a seleção das técnicas de recolha de dados. A técnica de recolha de dados é diferente para diferentes tipos de conceção de investigação. Existem predominantemente dois tipos de dados: (i) os dados primários e (ii) os dados secundários.

DADOS PRIMÁRIOS

Os dados primários são aqueles que um investigador recolhe com o objetivo específico de investigar o problema de investigação em questão. Os dados secundários são aqueles que não foram recolhidos para o estudo imediato em causa, mas para outros fins que não o problema em questão. Ambos os tipos de dados apresentam vantagens e desvantagens específicas.

a) Os dados secundários oferecem economias de custo e de tempo ao investigador, uma vez que já existem sob diversas formas na empresa ou no mercado.

b) É viável para uma empresa recolher.

c) Uma vez que são recolhidos para outros fins, podem por vezes não se enquadrar perfeitamente no problema definido.

d) Os objectivos, a natureza e os métodos utilizados para recolher os dados secundários podem não ser adequados à situação atual.

A maioria dos dados secundários ajuda a:

a) Identificar o problema.

b) Definir melhor o problema.

c) Desenvolver uma abordagem ao problema.

d) Formular um projeto de investigação adequado, identificando as variáveis-chave.

e) Responder a certas questões de investigação e formular hipóteses.

f) Interpretar os dados primários de forma mais aprofundada.

DADOS SECUNDÁRIOS

Os dados secundários são os dados que existem efetivamente em registos acessíveis, tendo já sido recolhidos e tratados estatisticamente pelas pessoas que mantêm os registos. Por outras palavras, os dados secundários são os dados que já foram recolhidos, apresentados, tabulados, tratados com as técnicas estatísticas necessárias e que já foram retiradas conclusões. Por conseguinte, recolher dados secundários não significa fazer uma enumeração original, mas apenas obter dados que já foram recolhidos por algumas agências, pessoas fiáveis, departamentos governamentais, investigadores, organizações fiáveis, etc. Os dados secundários podem ser facilmente obtidos a partir de registos, livros, publicações governamentais e revistas fiáveis.

Quando os dados primários são recolhidos originalmente, um módulo por estatísticos ou máquinas estatísticas, tornam-se secundários nas mãos de todas as outras pessoas que desejem utilizá-los para os seus próprios fins ou estudos. Por conseguinte, os dados primários e secundários são demarcados separadamente e a distinção entre eles é apenas de grau. Se uma pessoa "X" recolhe alguns dados inicialmente, então os dados são dados primários para "X", enquanto os mesmos dados, quando utilizados por outra pessoa "Y", se tornam dados secundários para "Y".

RECOLHA DE DADOS PRIMÁRIOS

Por dados primários entendemos os dados que foram recolhidos originalmente pela primeira vez. Por outras palavras, os dados primários podem ser o resultado de um inquérito estatístico original, da medição de factos ou de uma contagem efectuada pela primeira vez. Por exemplo, os dados do recenseamento da população são primários. Os dados primários, por serem recentes nos domínios de investigação, são muitas vezes designados por dados brutos. Na recolha de dados primários, é necessário muito tempo, dinheiro e energia.

QUESTIONÁRIO

Um questionário é definido como um programa formalizado para recolher dados dos inquiridos. Pode ser designado por calendário, formulário de entrevista ou instrumento de medição.

O erro de medição é um problema grave na construção de questionários. O objetivo geral do questionário inclui um questionário sem erros de medição. Especificamente, os objectivos do questionário são os seguintes

a) Deve traduzir a informação necessária num conjunto de perguntas específicas a que os inquiridos possam e queiram responder.

b) As perguntas devem medir o que é suposto medirem.

c) Deve estimular os inquiridos a participarem no processo de recolha de dados. Os inquiridos devem ser adequadamente motivados pela construção virtual do questionário.

d) Não deve conter uma declaração ambígua que confunda os inquiridos.

Componentes do questionário

Um questionário é normalmente composto por cinco secções. São elas:

a) Dados de identificação

b) Pedido de cooperação

c) Instrução

d) Informações solicitadas

e) Classificação dos dados

a) A ocupação dos dados de identificação é a primeira secção de um questionário em que o investigador pretende recolher dados relativos ao nome, à morada e ao número de telefone do inquirido.

b) O pedido de cooperação refere-se à obtenção da cooperação do inquirido relativamente ao processo de recolha de dados.

c) As instruções referem-se aos comentários ao inquirido sobre a forma de utilizar o questionário.

d) As informações solicitadas constituem a parte principal do questionário. Trata-se dos itens relacionados com o domínio de estudo propriamente dito.

e) Os dados de classificação dizem respeito às caraterísticas do inquirido.

A minha conceção de investigação

Atualmente, o questionário é amplamente utilizado para a recolha de dados na investigação social. É uma ferramenta razoavelmente justa para recolher dados de grupos sociais grandes, diversos, variados e dispersos. O questionário é o meio de comunicação entre o investigador e os inquiridos. De acordo com Bogardus, um questionário é uma lista de perguntas enviadas a um certo número de pessoas para que estas respondam e que obtém resultados padronizados que podem ser tabulados e tratados estatisticamente. O Dicionário de Termos Estatísticos define-o como um "grupo ou sequência de perguntas destinadas a obter informações sobre um assunto ou sequência de assuntos a partir de informações". Um questionário deve ser concebido ou redigido com o máximo cuidado e precaução, de modo a que toda a informação relevante e essencial para o inquérito possa ser recolhida sem qualquer dificuldade, ambiguidade ou imprecisão. A redação de um bom questionário é um trabalho altamente especializado e requer grande cuidado, habilidade, sabedoria, eficiência e experiência. Não é possível estabelecer uma regra rígida e rápida para a conceção ou elaboração de um questionário. No entanto, a este respeito, podem ser tidos em conta os seguintes pontos gerais:

1. O tamanho do questionário deve ser pequeno:
O investigador deve esforçar-se por manter o número de perguntas o mais reduzido possível, tendo em conta a natureza, os objectivos e o âmbito do inquérito. O tempo do inquirido não deve ser desperdiçado com perguntas irrelevantes e sem importância. Um grande número de perguntas implicaria mais trabalho para o inquiridor e, por conseguinte, um atraso da sua parte na recolha e apresentação das informações. Um grande número de perguntas desnecessárias pode irritar o inquirido e este pode recusar-se a cooperar. Um questionário razoável deve conter entre 15 e 25 perguntas. Se, num inquérito, for necessário um número ainda maior de perguntas, o questionário deve ser dividido em várias secções ou partes.

2. As perguntas devem ser claras:

As perguntas devem ser fáceis, breves, inequívocas, não ofensivas e de tom cortês, de natureza corroborativa e diretas, de modo a que os inquiridos não tenham grande margem para adivinhar.

3. As perguntas devem ser organizadas numa sequência lógica:

A disposição lógica das perguntas reduz muito trabalho desnecessário por parte do investigador, porque não só facilita o trabalho de tabulação, como também não deixa qualquer hipótese de omissões ou comissões. Por exemplo, para saber se uma pessoa tem televisão, a ordem lógica das perguntas seria a seguinte Tem televisão? Quando é que o comprou? Qual é a marca? Quanto é que lhe custou? O seu desempenho é satisfatório? Alguma vez o mandou reparar?

4. As perguntas devem ser simples de compreender:

As palavras vagas como bom, mau, eficiente, suficiente, prosperidade, raramente, frequentemente, razoável, pobre, rico, etc., não devem ser utilizadas, uma vez que podem ser interpretadas de forma diferente por pessoas diferentes e, como tal, podem dar informações pouco fiáveis e enganadoras. Do mesmo modo, deve ser evitada a utilização de palavras com duplo significado, como preço, activos, rendimentos de capital, etc.

5. As perguntas devem ser completas e de fácil resposta:

As perguntas devem ser concebidas de forma a serem facilmente compreensíveis e de fácil resposta para os inquiridos. Não devem ser entediantes nem devem sobrecarregar a memória dos inquiridos. Ao mesmo tempo, não devem ser feitas perguntas que envolvam cálculos matemáticos, como percentagens, rácios, etc.

6. Não devem ser colocadas questões de carácter pessoal e sensível:

Há algumas perguntas que perturbam os inquiridos e estes podem ficar tímidos ou irritados ao ouvir tais perguntas. Por conseguinte, devem ser feitos todos os esforços para evitar este tipo de perguntas. Por exemplo, "cozinha sozinho ou é a sua mulher que cozinha?" "Ou bebe? Estas perguntas irão certamente irritar os inquiridos, pelo que devem ser evitadas a todo o custo. Se tal for inevitável, deve ser utilizada a maior dose de cortesia possível.

7. Tipos de perguntas:

Neste contexto, as perguntas do questionário podem ser classificadas da seguinte forma:

(a) Perguntas fechadas:

As perguntas fechadas são aquelas em que as respostas possíveis são sugeridas pelos autores do questionário e o inquirido é obrigado a assinalar uma delas. As perguntas fechadas podem ainda ser subdivididas nas seguintes formas:

(i) Perguntas alternativas simples:

Neste tipo de perguntas, o inquirido tem de escolher entre duas alternativas claras, como "Sim" ou "Não", "Certo ou Errado", etc. Estas perguntas são também designadas *por perguntas dicotómicas*. Esta técnica pode ser aplicada com elegância a situações em que existem duas alternativas claras.

(ii) Perguntas de escolha múltipla:

Muitas vezes torna-se difícil definir uma alternativa clara e, por conseguinte, nessa situação, são acrescentadas respostas adicionais entre Sim e Não, como Não sei, Sem opinião, Ocasionalmente, Casualmente, Raramente, etc. Por exemplo, para saber se uma pessoa fuma ou bebe, podem ser utilizadas as seguintes respostas de escolha múltipla:

Fuma?

    (a) Sim regularmente [ ] (b) Não nunca [ ]

    (c) Ocasionalmente [ ] (d) Raramente [ ]

As perguntas de escolha múltipla são muito fáceis e convenientes para os inquiridos responderem. Estas perguntas poupam tempo e também facilitam a tabulação. Este método deve ser utilizado se apenas existirem algumas respostas alternativas selecionadas para uma determinada pergunta.

8. Devem ser evitadas as perguntas que induzam ao erro:

Perguntas como "porque é que usa um determinado tipo de carro, por exemplo, um carro Maruti" devem, de preferência, ser enquadradas em duas perguntas (i) Que carro utiliza? (ii) porque é que o prefere?

    Proporciona uma condução suave [ ]

    Permite fazer mais quilómetros [ ]

É mais barato [ ]

Não necessita de manutenção [ ]

9 Controlos cruzados:

O questionário deve ser concebido de forma a permitir um controlo interno da exatidão das informações fornecidas pelos inquiridos, através da inclusão de algumas questões conexas, pelo menos no que diz respeito a questões fundamentais para o inquérito.

10 Pré-teste do questionário:

Seria prático, em todos os sentidos, testar o questionário em pequena escala antes de o utilizar para um determinado inquérito em grande escala. Na prática, isto tem-se revelado extremamente útil. O questionário pode ser melhorado ou modificado à luz dos inconvenientes, das deficiências e dos problemas com que o investigador se deparou durante o pré-teste.

11 Uma carta de apresentação:

Juntamente com o questionário, deve ser anexada uma carta de apresentação dos organizadores do inquérito para efeitos de definições, unidades, conceitos utilizados no questionário, para obter a confiança do inquirido, um envelope auto-endereçado no caso de o questionário ser enviado por correio, uma menção sobre o prémio ou incentivos para uma resposta rápida, uma promessa de envio de uma cópia do relatório do inquérito, etc.

CONCEPÇÃO DA AMOSTRAGEM

Não existe investigação sem amostragem. Todos os estudos de investigação requerem a seleção de um tipo de amostra. É o sangue vital da investigação. Qualquer estudo de investigação tem por objetivo obter informações sobre as caraterísticas ou os parâmetros de uma população. Uma população é o agregado de todos os elementos que partilham um conjunto de caraterísticas comuns e que constituem o universo para efeitos do problema de investigação. Por outras palavras, a população é definida como a totalidade de todos os casos que estão em conformidade com algumas especificações designadas. A especificação ajuda o investigador a definir os elementos que devem ser incluídos e excluídos. Por vezes, os grupos que interessam ao investigador podem ser significativamente mais pequenos, o que permite ao investigador recolher dados de todos os elementos da população. A recolha de dados de toda a população é designada por estudo censitário. Um recenseamento implica uma enumeração completa dos elementos de uma população.

A recolha de dados a partir do agregado de todos os elementos (população), no caso de o número de elementos ser maior, faria por vezes com que o investigador incorresse em custos e tempo enormes. Por vezes, pode ser uma possibilidade remota. Uma forma alternativa seria recolher informações de uma parte da população, retirando uma amostra de elementos da população e, com base nas informações recolhidas dos elementos da amostra, inferir as caraterísticas da população. Por conseguinte, a amostragem é o processo de seleção de unidades (por exemplo, pessoas, organizações) de uma população de interesse, de modo a que, ao estudar a amostra, possamos generalizar os nossos resultados para a população de onde foram escolhidos.

Ao decidir sobre a amostragem, o investigador deve definir claramente a população-alvo sem permitir qualquer tipo de ambiguidade e inconsistência no limite do conjunto agregado de inquiridos. Para tal, o investigador pode ter de utilizar a sua sabedoria, lógica e discernimento para definir os limites da população de acordo com os objectivos do estudo.

TIPOS DE PLANOS DE AMOSTRAGEM

As técnicas de amostragem são classificadas em duas grandes categorias: amostras probabilísticas e amostras não probabilísticas.

1 Técnicas de amostragem de probabilidades

As amostras probabilísticas são caracterizadas pelo facto de as unidades de amostragem serem selecionadas por acaso.

Neste caso, cada elemento da população tem uma probabilidade conhecida e diferente de zero de ser selecionado. No entanto, pode não ser verdade que todas as amostras tenham a mesma probabilidade de seleção, mas é possível determinar a probabilidade de selecionar uma determinada amostra de uma determinada dimensão. É possível calcular a probabilidade de um dado elemento da população ser incluído na amostra. Para tal, é necessário definir com exatidão a população-alvo, bem como a base de amostragem.

As técnicas de amostragem probabilística diferem em termos de eficiência da amostragem, que é um conceito que se refere ao compromisso entre o custo da amostragem e a exatidão. A precisão refere-se ao nível de incerteza sobre as caraterísticas que estão a ser medidas. A precisão está inversamente relacionada com os erros de amostragem, mas diretamente relacionada com o custo. Quanto maior for a precisão, maior será o custo, pelo que deve haver um compromisso entre o custo e a precisão da amostragem. O investigador deve conceber o plano de amostragem mais eficiente, a fim de aumentar a eficácia da amostragem.

As técnicas de amostragem probabilística são classificadas em termos gerais como amostragem aleatória simples, amostragem sistemática e amostragem estratificada.

Amostragem aleatória simples

Esta é a técnica de amostragem probabilística mais importante e mais utilizada. A sua importância deve-se à sua caraterística de ser utilizada para enquadrar os conceitos e argumentos em estatística. Outra caraterística importante é que permite que cada elemento da população tenha uma probabilidade de seleção conhecida e igual. Isto significa que cada elemento é selecionado independentemente de qualquer outro elemento. Este método assemelha-se ao método da lotaria, em que, num sistema, os nomes são colocados numa caixa, a caixa é baralhada e os nomes dos vencedores são depois sorteados de forma imparcial.

A amostragem aleatória simples tem um processo definido, embora não tão rígido. Envolve a compilação de uma base de amostragem em que a cada elemento é atribuído um número de identificação único. Os números aleatórios são gerados utilizando uma tabela de números aleatórios ou um computador para determinar os elementos a incluir na amostra. Por exemplo, um investigador está interessado em investigar o padrão de comportamento dos clientes quando tomam a decisão de comprar um computador.

Por conseguinte, o investigador está interessado em recolher 5 amostras de um quadro de amostragem que contém 100 elementos. A amostra necessária pode ser selecionada utilizando a técnica de amostragem aleatória simples, organizando os 100 elementos por ordem e começando pela linha 1 e pela coluna 1 do quadro aleatório, e descendo a coluna até serem selecionados 5 números entre 1 e 100.

Os números fora deste intervalo são ignorados. As tabelas de números aleatórios encontram-se em todos os livros de estatística. Consistem numa série de dígitos de 0 a 9 gerados aleatoriamente. Para melhorar a legibilidade dos números, é dado um espaço entre cada 4 dígitos e entre cada 10 linhas. O investigador pode começar a ler a partir de qualquer ponto da tabela de números aleatórios, mas, uma vez iniciada, deve continuar a ler ao longo da linha ou ao longo de uma coluna. A caraterística mais importante da amostragem aleatória simples é o facto de facilitar a representação da população pela amostra, garantindo que as conclusões estatísticas são válidas.

Amostragem sistemática

Este é também um outro tipo de técnica de amostragem muito utilizado. É utilizada devido à sua facilidade e comodidade. Tal como no caso da amostragem aleatória simples, esta é efectuada escolhendo um ponto de partida aleatório e, em seguida, selecionando sucessivamente todos os elementos da base de amostragem. O intervalo de amostragem, i, é determinado dividindo a dimensão da população N pela dimensão da amostra n e arredondando para o número inteiro mais próximo.

Considere uma situação em que o investigador pretende escolher 10 elementos de uma população de 100. Para escolher estes 10 elementos, o número os elementos de um a 100. Num universo de 20 elementos da população e numa amostra de tamanho 10, o número é $10/100 = 1/10$, o que significa que um elemento em cada 10 será selecionado. O intervalo de amostragem será, portanto, 10. Isto significa que, após um início aleatório a partir de qualquer ponto da tabela aleatória, o investigador tem de escolher um em cada 10 elementos.

A amostragem sistemática é quase semelhante à amostragem aleatória simples, na medida em que cada elemento da população tem uma probabilidade de seleção conhecida e igual. No entanto, a diferença reside no facto de a amostragem aleatória simples permitir que apenas as amostras admissíveis de dimensão n tenham uma probabilidade de seleção conhecida e igual. As restantes amostras de dimensão n têm uma probabilidade zero de serem selecionadas

Amostragem estratificada

A amostragem estratificada é um processo bidirecional. Distingue-se da amostragem aleatória simples e da amostragem sistemática, na medida em que:

a) Requer a divisão da população-mãe em subconjuntos mutuamente exclusivos e exaustivos;

b) Uma amostra aleatória simples de elementos é escolhida independentemente de cada grupo ou subconjunto.

Por conseguinte, caracteriza-se pelo facto de cada elemento da população dever ser atribuído a um e único estrato e de nenhum elemento da população dever ser omitido. Em seguida, os elementos são selecionados de cada estrato através de uma técnica de amostragem aleatória simples. A amostragem estratificada difere da amostragem por quotas na medida em que os elementos da amostra são selecionados de forma probabilística e não com base na conveniência ou em juízos de valor.

Os estratos são criados por um divisor chamado variável de estratificação. Esta variável divide a população em estratos com base na homogeneidade, heterogeneidade, parentesco ou custo. Por vezes, é utilizada mais do que uma variável para efeitos de estratificação. Este tipo de amostragem é feito de modo a obter elementos homogéneos dentro de cada estrato e os elementos entre cada estrato devem ter um grau mais elevado de heterogeneidade. O número de estratos a formar para a investigação é deixado ao critério do investigador, embora os investigadores concordem que o número ótimo de estratos pode ser 6.

As razões para utilizar a amostragem estratificada são as seguintes:

a) assegura a representação de todas as subpopulações importantes da amostra;

b) o custo por observação no inquérito pode ser reduzido;

c) combina a utilização de uma amostragem aleatória simples com potenciais ganhos de precisão;

d) As estimativas dos parâmetros populacionais podem ser desejadas para cada subpopulação e;

e) Maior precisão a um determinado custo.

2 Métodos de amostragem não probabilísticos

A amostragem não probabilística não implica uma seleção aleatória. A seleção dos elementos da amostra é feita com base na apreciação pessoal do investigador e não no acaso. Por vezes, esta decisão é imposta pelo investigador, enquanto noutros casos a seleção dos elementos da população a incluir é deixada ao critério dos trabalhadores no terreno. O decisor pode também contribuir para a inclusão de um determinado indivíduo na base de amostragem. Evidentemente, a amostragem não probabilística não inclui elementos selecionados de forma probabilística e, por conseguinte, deixa um certo grau de "erro" de amostragem associado à amostra.

O erro de amostragem é o grau em que uma amostra pode diferir da população. Por conseguinte, ao inferir para a população, os resultados não podem ser comunicados mais ou menos o erro de amostragem. Na amostragem não probabilística, o grau em que a amostra difere da população permanece desconhecido; no entanto, não podemos concluir que o erro de amostragem é inerente à amostra não probabilística.

As amostras não probabilísticas também produzem boas estimativas das caraterísticas da população. Uma vez que a inclusão dos elementos na amostra não é determinada de forma probabilística, as estimativas obtidas não são estatisticamente projectáveis para a população.

Os métodos de amostragem não probabilísticos mais utilizados são a amostragem por conveniência, a amostragem por julgamento, a amostragem por quotas e a amostragem por bola de neve.

Amostragem por conveniência

As amostras de conveniência são por vezes chamadas amostras acidentais, porque os elementos incluídos na amostra entram por "acidente". Trata-se de uma técnica de amostragem em que as amostras são obtidas a partir de elementos convenientes. Isto refere-se ao facto de o elemento se encontrar no local certo e no momento certo, ou seja, onde e quando a informação para o estudo está a ser recolhida. A seleção dos inquiridos é deixada ao critério do entrevistador. Os exemplos populares de amostragem por conveniência incluem (a) inquiridos que se reúnem numa igreja (b) estudantes numa sala de aula (c) entrevistas interceptadas num centro comercial sem qualificar os inquiridos para o estudo (d) questionários rasgados incluídos em revistas e (e) pessoas na rua.

Nos exemplos acima referidos, as pessoas podem não ser inquiridas qualificadas, mas fazem parte da amostra em virtude de se reunirem no local onde o investigador está convenientemente colocado.

A amostragem por conveniência é a menos dispendiosa e a que consome menos tempo de todas as técnicas de amostragem. A desvantagem da amostragem por conveniência é o facto de o investigador não ter forma de saber se a amostra escolhida é representativa da população-alvo.

Amostragem por julgamento Trata-se de uma forma de amostragem por conveniência, também designada por amostragem intencional, uma vez que os elementos da amostra são escolhidos por se esperar que possam servir o objetivo da investigação. Os elementos da amostra são escolhidos com base no julgamento que prevalece na mente do investigador sobre o indivíduo em causa. O investigador pode usar a sua sabedoria para concluir que um determinado indivíduo pode ser um representante da população em que está interessado.

A caraterística distintiva da amostragem por julgamento é que os elementos da população são selecionados propositadamente. Mais uma vez, a seleção não se baseia no facto de serem representativos, mas sim no facto de poderem dar os contributos pretendidos. Na amostragem por julgamento, o investigador pode estar bem ciente das caraterísticas dos potenciais inquiridos, de modo a incluir o indivíduo na amostra. É possível que o investigador tenha ideias e percepções sobre a experiência e os conhecimentos necessários do inquirido para oferecer alguma perspetiva sobre a questão de investigação.

Amostragem de quotas

A amostragem por quotas é outra amostragem não probabilística. Tenta garantir que a amostra escolhida pelo investigador é representativa, selecionando elementos de forma a que a proporção dos elementos da amostra que possuem uma determinada caraterística seja aproximadamente a mesma que a proporção dos elementos com essa caraterística na população.

A amostragem por quotas é considerada uma técnica de amostragem restrita e criteriosa em duas fases. A primeira fase consiste no desenvolvimento de categorias de controlo, ou quotas, de elementos da população. As caraterísticas de controlo envolvem a idade, o sexo e a raça identificados com base em juízos de valor. Em seguida, é determinada a distribuição destas caraterísticas na população-alvo. Por exemplo, o investigador pode utilizar categorias de controlo em que pretende estudar 40% dos homens e 60% das mulheres de uma população. O sexo é o grupo de controlo e as percentagens fixadas são as quotas. Na segunda fase, os elementos da amostra são selecionados com base na conveniência ou no julgamento. Uma vez determinadas as quotas, existe uma grande liberdade para selecionar os elementos a incluir na amostra. Por exemplo, o investigador não pode escolher mais de 40% de homens e 60% de mulheres para o estudo. Mesmo que o investigador encontre homens qualificados depois de atingir a marca dos 40%, continua a restringir a entrada de homens na amostra e continua a procurar mulheres até a quota ser preenchida.

Amostragem de bola de neve

Esta é outra técnica popular não probabilística amplamente utilizada, especialmente na investigação académica.

Nesta técnica, é selecionado um grupo inicial de inquiridos, normalmente de forma aleatória. Depois de serem entrevistados, pede-se a estes inquiridos que identifiquem outras pessoas que pertençam à população-alvo de interesse. Os inquiridos subsequentes são selecionados com base nas informações fornecidas pelos membros do grupo selecionado. Os membros do grupo podem fornecer informações com base no seu conhecimento sobre as qualificações dos outros potenciais inquiridos.

Este método envolve métodos probabilísticos e não probabilísticos. Os inquiridos iniciais são escolhidos por um método aleatório e os inquiridos subsequentes são escolhidos por métodos não probabilísticos.

TESTE DE HIPÓTESES

A análise básica dos dados envolve o teste de hipóteses. Há muita confusão na elaboração de hipóteses. Em termos simples, a hipótese refere-se à suposição de uma relação entre duas variáveis ou de uma diferença entre dois ou mais grupos. A hipótese também contém a direção da relação entre as variáveis em causa. Apresentam-se a seguir alguns exemplos de hipóteses:

(a) O poder de compra dos consumidores está positivamente relacionado com a disponibilidade de rendimentos excedentários.

(b) Os clientes que pertencem aos Estados do Norte da Índia têm uma preferência de gosto diferente da dos clientes dos Estados do Norte.

As hipóteses são de dois tipos: (a) Hipótese nula e (b) Hipótese alternativa. Para desenvolver uma hipótese, pode seguir-se uma regra simples:

1. O que esperamos ou esperamos ser capazes de concluir como resultado do teste geralmente deve ser colocado na hipótese alternativa.

2. A hipótese nula deve conter uma afirmação de igualdade (=) e a hipótese alternativa deve conter um sinal de > ou <.

3. A hipótese nula é a hipótese que é testada.

4. As hipóteses nula e alternativa são complementares.

CARACTERÍSTICAS DA INVESTIGAÇÃO

1. Utiliza métodos científicos: A investigação utiliza métodos científicos para descobrir factos e tenta dar soluções a problemas específicos. Os investigadores seguem um procedimento organizado para efetuar a investigação. Para obter melhores resultados, é utilizado o método científico para efetuar a investigação.

2. Processo contínuo: É um processo contínuo, uma vez que estuda factos existentes e também desenvolve novos factos. A investigação procura também distinguir as relações entre as variáveis.

3. Atividade polivalente: A investigação é uma atividade polivalente, uma vez que não inclui apenas a recolha de dados, mas também a previsão do futuro, o estabelecimento de relações entre variáveis, a procura de soluções para problemas e o desenvolvimento de novas teorias, ferramentas e conceitos.

4. Mantém a objetividade e elimina a imparcialidade: A investigação baseia-se em procedimentos adequados. Recolhe dados adequados, precisos e objectivos para compreender o problema de investigação. Após a recolha de dados, o investigador processa os dados, analisa-os e chega a soluções adequadas.

5. Natureza empírica: A investigação empírica pode ser realizada para estudar situações em que métodos como a observação, a experimentação ou o inquérito podem ser utilizados para realizar a investigação.

6. Generalização: As conclusões da investigação podem ser aplicadas a uma grande população. A investigação pode ser efectuada numa amostra de inquiridos que represente o universo em que as conclusões geradas pela investigação podem ser aplicadas a todo o universo.

7. Os investigadores controlaram o movimento do procedimento de investigação: Na investigação social, há muitos factores que têm um efeito sobre os resultados. Devido a vários factores, alguns deles podem ser considerados como factores controlados enquanto outros podem ser testados quanto a possíveis consequências. No entanto, é difícil realizar experiências controladas na investigação social, ao passo que é fácil realizar experiências controladas nas ciências puras.

8. Desenvolvimento de conceitos e teorias: A investigação contribui para o desenvolvimento de novos conceitos e teorias, podendo estas inovações ser úteis para a melhoria da sociedade em grande escala.

IMPORTÂNCIA DA INVESTIGAÇÃO

A investigação é importante tanto nos domínios científicos como nos não científicos. A investigação é importante pelas seguintes razões

1. Um problema de investigação refere-se a uma complexidade com que se depara um investigador ou uma comunidade científica ou uma indústria ou uma organização governamental ou uma sociedade. Pode tratar-se de uma situação teórica ou prática. Exige uma compreensão sistemática e uma possível solução.

2. A investigação sobre as teorias e conceitos existentes ajuda-nos a reconhecer o seu alcance e aplicações.

3. É o banco de conhecimentos e fornece estratégias para a resolução de problemas.

4. É importante na indústria e nas empresas para aumentar os lucros, a produção e a eficiência e para melhorar a qualidade dos produtos.

5. A investigação matemática e lógica sobre os negócios e a indústria reduz os problemas neles existentes.

6. Leva à identificação e categorização de novos materiais, novos seres vivos, novas estrelas, etc.

7. As invenções podem ser feitas através da investigação

8. A investigação social ajuda a encontrar respostas para os problemas sociais. Explica os fenómenos sociais e tenta encontrar soluções para os problemas sociais.

OBJECTIVOS DA INVESTIGAÇÃO

☐ Compreender claramente um fenómeno observado e explicar a sua lógica e razão de ser.

☐ Para obter informações sobre o problema.

☐ Encontrar soluções para um problema.

☐ Para testar leis ou teorias existentes.

☐ Desenvolver novas ideias, conceitos e teorias.

☐ Testar a hipótese de uma relação casual entre variáveis.

☐ Identificar os domínios em que a investigação pode fazer a diferença.

☐ Prever o futuro dos acontecimentos.

QUALIDADES DE UM BOM INVESTIGADOR

1. Método de abordagem: O investigador deve adotar um método de ação correto para identificar um problema e, em seguida, trabalhar sobre ele, a fim de encontrar uma solução para esse problema.

2. Conhecimentos: O investigador deve ter conhecimentos e informações completas sobre o campo de investigação para poder planear corretamente e aplicar os métodos corretos e eficazes para selecionar o problema e resolvê-lo.

3. Qualificação: O investigador deve ter uma boa formação de base, o que lhe permitirá ter um melhor conhecimento e compreensão do assunto.

4. Motivação: O investigador deve estar motivado para realizar o seu trabalho. Para isso, deve ter uma atitude adequada, uma visão própria e uma meta com alguns objectivos para alcançar algo.

5. Perseverança: Perseverança significa continuar a trabalhar com determinação, apesar de existirem certos problemas e dificuldades na realização do trabalho. Por conseguinte, o investigador deve ser estável e ter um pensamento coerente.

6. Competências de comunicação: O investigador deve ter boas capacidades de comunicação para poder interagir eficazmente com os inquiridos e compreender as suas opiniões.

7. Competências de organização: O investigador deve utilizar técnicas de gestão do tempo para que o trabalho possa ser concluído a tempo. Para que o trabalho seja bem sucedido, é necessário manter o orçamento, manter registos, arquivar os documentos necessários e conservar os recortes de papel.

VANTAGENS DA INVESTIGAÇÃO

1. Facilita as descobertas: A investigação conduz ao desenvolvimento de novos conceitos, teorias, princípios, ferramentas, métodos, etc.

2. Responde a perguntas: A investigação responde a perguntas como o quê, onde, quando e como. A resposta fornece uma direção correta e tenta dar uma solução adequada.

3. Facilita a interação com as pessoas: A investigação conduz à interação com as pessoas durante o processo de recolha de dados. Por vezes, o investigador não só recolhe informações junto dos inquiridos, como também os educa, o que conduz a uma ascensão social.

4. Previsão do futuro: A investigação recolhe dados, analisa-os e ajuda uma organização a prever as suas necessidades futuras.

5. Cria uma perspetiva progressiva: A investigação cria uma perspetiva progressiva numa organização. Desenvolve os empregados através do pensamento lógico que, em última análise, resulta no sucesso global de uma organização.

6. Utilização de questionários: Os questionários são um instrumento importante para a recolha de dados e as informações podem ser verificadas à medida que são registadas no questionário, eliminando assim preconceitos e aumentando a objetividade da investigação.

7. Manter a objetividade: A objetividade é a capacidade de examinar os registos tal como existem, sem qualquer preconceito. A investigação mantém a objetividade e dá soluções adequadas aos problemas especificados.

LIMITAÇÕES DA INVESTIGAÇÃO

1. Preconceito do investigador: O enviesamento é uma questão importante para o êxito de qualquer trabalho de investigação. O enviesamento ocorre a vários níveis, como o enviesamento pessoal do investigador, um questionário enviesado, um inquirido enviesado ou uma amostragem inadequada.

2. Recolha de dados incorrecta: Quando um investigador não é leal ao seu trabalho, pode utilizar métodos incorrectos de recolha de dados que conduzem a conclusões incorrectas.

3. Existência de subjetividade: A subjetividade ocorre quando o investigador está inclinado por gostos e desgostos, crenças, fé, etc. Estes factores podem ter um impacto negativo no valor da investigação e causar danos, aumentando assim a subjetividade do trabalho de investigação.

4. Longo e demorado: A investigação é um processo moroso e uma atividade que consome muito tempo. Embora efectuada de forma sistemática, a investigação exploratória pode exigir mais tempo.

5. Processo dispendioso: A investigação é um processo dispendioso, uma vez que requer os serviços de peritos. A recolha de dados também implica custos.

AS VÁRIAS FASES DE UMA INVESTIGAÇÃO

Sempre que se pretende resolver um problema científico, há vários passos importantes a seguir. O problema deve ser claramente enunciado, incluindo quaisquer hipóteses simplificadoras. Um conjunto universal de componentes cronológicos da investigação é o seguinte:

- Seleção de um tema de investigação
- Definição de um problema de investigação
- Inquérito bibliográfico
- Avaliação do estado atual do tema escolhido
- Formulação de hipóteses

- Conceção da investigação
- Inquérito efetivo
- Análise de dados
- Interpretação dos resultados
- Relatório

QUALIDADES DE UMA BOA INVESTIGAÇÃO

Uma investigação é uma tarefa de grande envergadura e exige grandes esforços por parte do investigador. Uma boa investigação deve ter as seguintes qualidades

1. Clareza: É a qualidade mais importante de qualquer investigação. O trabalho de investigação deve ser claro, para que os outros possam compreender facilmente a natureza do seu trabalho. A investigação deve ter uma versão única, para que as pessoas não se desviem do seu objetivo. O tema deve ser muito claro na mente do investigador para que este o possa realizar corretamente. O tema de investigação deve estar isento de qualquer imprecisão. A clareza também significa que a investigação deve ser direcional e deve definir toda a metodologia de investigação.

2. Conceção da investigação planeada: A conceção da investigação deve ser devidamente planeada. Por exemplo, se o investigador utilizar a técnica de amostragem para um grupo selecionado, deve tornar a amostra representativa. Neste caso, o investigador pode recolher dados primários e secundários.

O principal desafio geralmente observado é a parcialidade pessoal do investigador na seleção dos dados.

3. Manter o padrão ético: Os investigadores trabalham essencialmente de forma independente. A fiabilidade dos dados deve ser a principal preocupação. Deve ser dada prioridade às questões éticas envolvidas na realização da investigação.

4. Apresentação organizada dos resultados: A tarefa mais importante de um investigador é apresentar os resultados da investigação de forma organizada. O investigador deve evitar jargões técnicos e deve incluir objetividade nos resultados.

Resultados e discussão

Modelação

Neurónios-espelho Modelo de densidade para os sentimentos Liderança Padrão do cérebro dos líderes Realidade espantosa "de todos os brinquedos disponíveis no mundo

As pessoas continuam a escolher "SENTIMENTOS" para jogar"

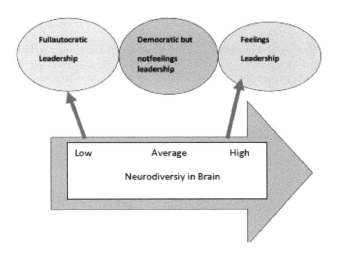

Prova-One: Fonte - Prof. Md. Sadique Shaikh

O modelo acima foi desenvolvido com a intenção de compreender o papel dos neurónios-espelho na liderança dos sentimentos, com a ajuda da densidade dos neurónios-espelho no cérebro dos líderes empresariais, o que torna os seus padrões de liderança cada vez mais pessoais. Após várias análises e práticas de psicologia social, cheguei à conclusão deste modelo. Se a densidade de MN for baixa nas pessoas que são líderes, estas observam geralmente falta de emoção e de sentimentos e são incapazes de compreender os outros ou, por vezes, devido ao elevado nível de ego, não querem compreender os outros. Por conseguinte, os padrões de liderança destes seres humanos são "autocráticos" e os líderes mais ditatoriais. Se a densidade média dos MNs for ligeiramente diferente, as pessoas com densidade média têm sentimentos e emoções pelos outros, mas não tão fortes, e o padrão de liderança desses líderes é democrático, mas não é uma liderança pessoal e sentimental. Isto só acontece quando a densidade de MNs é muito elevada nas pessoas que são líderes. Devido à elevada densidade de MNs, o líder liga o seu cérebro aos cérebros dos seus subordinados/membros da equipa e, com o rastreio/escaneamento dos seus cérebros, compreende completamente as emoções e os sentimentos dos outros e lidera de acordo com eles sem prejudicar a organização empresarial.

Modelo de Traços de Liderança de Sentimentos

O meu segundo modelo foi desenvolvido para compreender quais são os critérios importantes para manter e atualizar os sentimentos de liderança totalmente assinalados nas pessoas que são líderes empresariais durante a execução da atividade. Assim, estes são os factores necessários para manter a liderança de sentimentos padrão, bem como para aumentar a densidade de MNs no cérebro para tornar a liderança muito próxima e pessoal para as equipas/organizações. Como a transparência para conhecer as emoções dos outros, a formação de ligações cérebro-cérebro para conhecer os outros, a capacidade de leitura do cérebro dos outros com empatia e aprendizagem, a capacidade de aquisição de padrões de comportamento e de linguagem corporal dos outros, etc. e, claro, para estes factores, é necessário que os líderes tenham uma forte capacidade cognitiva com MNs=100% de densidade de neurónios-espelho.

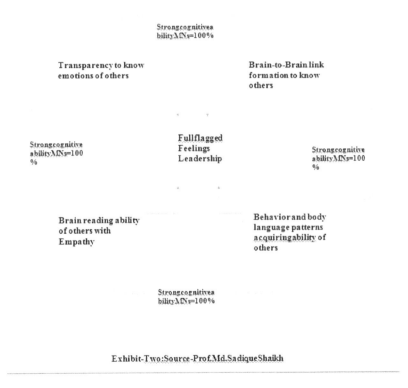

Exhibit-Two:Source-Prof.Md.SadiqueShaikh

Modelo integrado para sentir a liderança

Integrated Model for Feelings Leadership

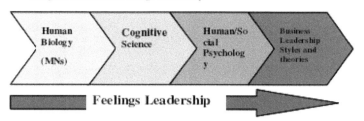

Exhibit-Three: Source-Prof. Md. Sadique Shaikh

Prova-Três: Fonte - Prof. Md. Sadique Shaikh

Este modelo destacou os parâmetros que devem ser integrados para o desenvolvimento e a implementação de uma forte Liderança de Personalidade/Sentimentos nas organizações empresariais. A liderança dos sentimentos baseia-se fortemente na biologia humana, especialmente na psicologia humana, ou seja, no estudo e utilização do "cérebro nos negócios". Estudos realizados pela Harvard Business School e pela Kellogg's School of Management propuseram várias teorias e pesquisas sobre a investigação e o efeito dos neurónios-espelho no comportamento dos indivíduos e afirmaram que também é um estudo útil para a liderança empresarial, mas não foi dado o nome correto. Encontrei nomes como liderança biológica, liderança social ou liderança pessoal, sendo que a liderança pessoal é o melhor nome para o padrão de liderança orientado para os neurónios-espelho, mas ainda muito recente e pela primeira vez chamei a este padrão de liderança "Liderança dos sentimentos". Esta liderança tem também um forte envolvimento de toda a biologia humana sensorial e de atuação, ou seja, uma forte ciência cognitiva.

Para a tornar mais perfeita, é necessário o apoio de teorias e estatutos da psicologia humana/social e de padrões e estilos de liderança empresarial.

Modelo de factores com/sem neurónios-espelho (MNs)

Factors	Absence of MNs	Presence of MNs
Emotions	Low	High
Feelings and Understanding	Low	High
Body language tracing	Low	High
Dictation	High	Low
Personable/Biological Leadership	Low	High
Others autocratic Leadership Patterns/styles	High	Low
Team-centric leading	Low	High
Mentorship	Low	High
Coaching	Low	High
Ordering	High	Low
Ruling	High	Low
Empathy & Learning	Low	High

Exhibit-Four: Source-Prof.Md.SadiqueShaikh

Prova - Quatro: Fonte - Prof. Md. Sadique Shaikh

Trata-se de modelos tabulares auto-explicativos, que demonstram vários factores importantes para o estilo de liderança de sentimentos que só se consegue com uma elevada densidade de MNs. A exposição acima mostra o efeito da presença e ausência de NMs em todos estes factores, que foram modelados em pormenor nos três modelos anteriores.

Parcelas

Lote-1: MNs vs. Emoções e Sentimentos

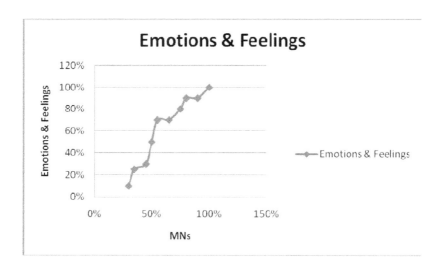

O gráfico acima mostra a relação entre MNs vs. Emoção e Sentimentos, é muito claro com referência a este gráfico que E & F dependem fortemente de MNs, à medida que a percentagem de MNs aumenta o seu aumento para este fator no padrão de liderança, o seu aumento lentamente até MNs=45%, mas depois disso o fator Emoção e Sentimentos aumenta drasticamente com o incremento da densidade de MNs em percentagem. Assim, obtém-se uma relação semi-linear entre estes dois factores.

Gráfico 2: MNs vs. Ração de Liderança Pessoal/Biológica/Sentimentos

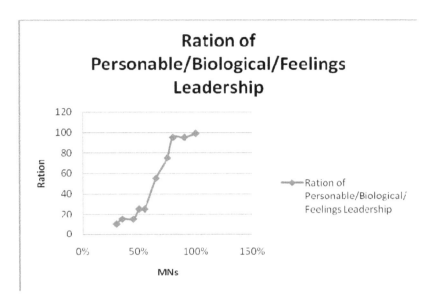

O segundo gráfico diz respeito à relação entre os MNs e a relação entre Liderança Pessoal/Sentimentos no estilo de liderança dos líderes empresariais e observou que até MNs=80% as pessoas não colocam uma forte relação de Sentimentos na liderança, mas no intervalo de MNs 90% a 100% verifica-se que a totalidade dos MNs está assinalada como 100% e constante, ou seja, os líderes utilizaram sentimentos fortes na liderança da organização empresarial.

Gráfico 3: MNs vs. Liderança centrada na equipa

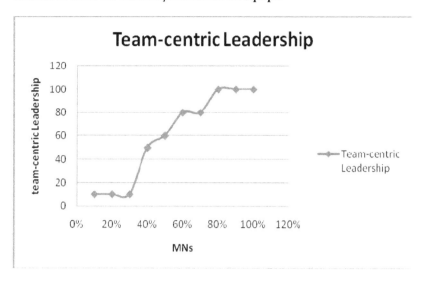

Este é o terceiro gráfico baseado na análise do envolvimento dos mentores na liderança centrada na equipa, e é muito claro no gráfico que mostra a relação deste fator com a densidade dos mentores em percentagem. medida que os homens aumentam de poucos % para 20%, este fator aumenta ligeiramente, o que também foi observado e registado como fraco para o intervalo de homens entre 21% e 80%, mas a partir de 95% de homens, a liderança centrada na equipa é estável e completa, gerando nos cérebros dos líderes.

Gráfico 4: MNs vs. Coaching & Mentoring

Este é o quarto gráfico numérico da densidade de MNs vs. Coaching e Mentoring, que é uma função muito importante, que deve ser dispensada pelos líderes empresariais. O resultado desta análise, depois de alguma prática mas apenas limitada à minha preocupação, concluiu que "o coaching e o mentoring perfeitos só são possíveis nos líderes que têm uma densidade de MNs de 90% a 100%, caso contrário seria muito baixa, até 60% ou 70%".

Plot-5: MNs vs. Empatia e Aprendizagem

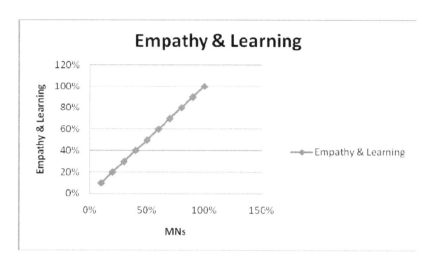

Este é o último gráfico que mostra a relação entre a densidade de MNs e a Empatia e Aprendizagem. Esta é a curva reta com uma relação linear completa obtida entre os dois. À medida que a percentagem de densidade de MNs aumenta na mesma proporção, o fator Empatia e Aprendizagem aumenta e melhora nos líderes empresariais.

Recomendações

Em 1998, um de nós, Daniel Goleman, publicou nestas páginas o seu primeiro artigo sobre inteligência emocional e liderança. A reacção a "What Makes a Leader?" foi entusiástica. As pessoas, dentro e fora da comunidade empresarial, começaram a falar sobre o papel vital que a empatia e o auto-conhecimento desempenham numa liderança eficaz. O conceito de inteligência emocional continua a ocupar um lugar de destaque na literatura sobre liderança e nas práticas quotidianas de coaching. Mas, nos últimos cinco anos, a investigação no campo emergente da neurociência social - o estudo do que acontece no cérebro enquanto as pessoas interagem - está a começar a revelar novas verdades subtis sobre o que faz um bom líder. A principal descoberta é que certas coisas que os líderes fazem - especificamente, demonstrar empatia e estar em sintonia com o estado de espírito dos outros - afectam literalmente tanto a química do seu próprio cérebro como a dos seus seguidores. De facto, os investigadores descobriram que a dinâmica líder-seguidor não é um caso de dois (ou mais) cérebros independentes que reagem consciente ou inconscientemente um ao outro. Pelo contrário, as mentes individuais tornam-se, de certa forma, fundidas num único sistema. Acreditamos que os grandes líderes são aqueles cujo comportamento potencia o sistema de interconexão cerebral. Colocamo-los no extremo oposto do contínuo neural em relação às pessoas com graves perturbações sociais, como o autismo ou a síndrome de Asperger, que se caracterizam por um subdesenvolvimento das áreas do cérebro associadas às interações sociais. Se estivermos corretos, uma forma potente de nos tornarmos melhores líderes é encontrar contextos autênticos para aprender os tipos de comportamento social que reforçam os circuitos sociais do cérebro. Por outras palavras, liderar eficazmente tem menos a ver com dominar situações - ou mesmo dominar conjuntos de competências sociais - do que com desenvolver um interesse genuíno e talento para fomentar sentimentos positivos nas pessoas cuja cooperação e apoio são necessários.

A noção de que a liderança eficaz tem a ver com a existência de circuitos sociais poderosos no cérebro levou-nos a alargar o nosso conceito de inteligência emocional, que tínhamos baseado em teorias da psicologia individual. Uma construção mais baseada na relação para avaliar a liderança é a inteligência social, que definimos como um conjunto de competências interpessoais construídas em circuitos neurais específicos (e sistemas endócrinos relacionados) que inspiram os outros a serem eficazes. A ideia de que os líderes precisam de competências sociais não é nova, como é óbvio. Em 1920, o psicólogo Edward Thorndike, da Universidade de Columbia, referiu que "o melhor mecânico de uma fábrica pode falhar como capataz por falta de inteligência social". Mais recentemente, o nosso colega Claudio Fernández-Aráoz descobriu, numa análise de novos executivos de nível C, que aqueles que tinham sido contratados pela sua autodisciplina, motivação e intelecto eram por vezes despedidos por falta de competências sociais básicas. Por outras palavras, as pessoas que Fernández-Aráoz estudou tinham inteligência de sobra, mas a sua incapacidade de se darem bem socialmente no trabalho era profissionalmente auto-destrutiva.

O que há de novo na nossa definição de inteligência social é a sua base biológica, que iremos explorar nas páginas seguintes. Com base no trabalho de neurocientistas, nos nossos próprios esforços de investigação e consultoria e nas descobertas de investigadores afiliados ao Consórcio para a Investigação da Inteligência Emocional nas Organizações, vamos mostrar-lhe como traduzir o conhecimento recentemente adquirido sobre neurónios-espelho, células fusiformes e osciladores em comportamentos práticos e socialmente inteligentes que podem reforçar as ligações neurais entre si e os seus seguidores. Talvez a mais impressionante descoberta recente na neurociência comportamental seja a identificação de neurónios-espelho em áreas muito dispersas do cérebro. Os neurocientistas italianos descobriram-nos por acaso enquanto monitorizavam uma célula específica no cérebro de um macaco que só disparava quando o macaco levantava o braço. Um dia, um assistente de laboratório levou um cone de gelado à sua própria boca e desencadeou uma reação na célula do macaco. Foi a primeira prova de que o cérebro está repleto de neurónios que imitam, ou espelham, o que outro ser faz. Esta classe de células cerebrais, até agora desconhecida, funciona como um Wi-Fi neural, permitindo-nos navegar no nosso mundo social. Quando detectamos, consciente ou inconscientemente, as emoções de outra pessoa através das suas acções, os nossos neurónios-espelho reproduzem essas emoções. Coletivamente, estes neurónios criam uma sensação instantânea de experiência partilhada. Os neurónios-espelho têm particular importância nas organizações, porque as emoções e acções dos líderes levam os seguidores a refletir esses sentimentos e acções. Os efeitos da ativação dos circuitos neurais no cérebro dos seguidores podem ser muito poderosos. Num estudo recente, a nossa colega Marie Dasborough observou dois grupos: Um deles recebeu feedback negativo sobre o desempenho, acompanhado de sinais emocionais positivos - nomeadamente, acenos de cabeça e sorrisos; o outro recebeu feedback positivo, que foi dado de forma crítica, com carrancas e olhares estreitos. Em entrevistas posteriores, realizadas para comparar os estados emocionais dos dois grupos, as pessoas que tinham recebido feedback positivo acompanhado de sinais emocionais negativos referiram sentir-se pior em relação ao seu desempenho do que os participantes que tinham recebido feedback negativo bem-humorado. De facto, a forma como a mensagem foi transmitida foi mais importante do que a própria mensagem. E toda a gente sabe que quando as pessoas se sentem melhor, têm um melhor desempenho. Assim, se os líderes esperam obter o melhor dos seus colaboradores, devem continuar a ser exigentes, mas de forma a promover um clima positivo nas suas equipas. A velha abordagem da cenoura e do pau só por si não faz sentido neural; os sistemas de incentivos tradicionais simplesmente não são suficientes para obter o melhor desempenho dos seguidores.

Aqui está um exemplo do que funciona de facto. Acontece que há um subconjunto de neurónios-espelho cuja única função é detetar os sorrisos e as gargalhadas das outras pessoas, provocando sorrisos e gargalhadas em troca. Um chefe que seja autocontrolado e sem humor raramente irá ativar esses neurónios nos membros da sua equipa, mas um chefe que se ria e dê um tom descontraído põe esses neurónios a trabalhar, provocando risos espontâneos e unindo a sua equipa no processo. Um grupo unido é aquele que tem um bom desempenho, como o nosso colega Fabio Sala demonstrou na sua investigação. Descobriu que os líderes com melhor desempenho provocavam o riso dos seus subordinados três vezes mais vezes, em média, do que os líderes com desempenho médio. A boa disposição, segundo outros estudos, ajuda as pessoas a receber informação de forma eficaz e a reagir de forma ágil e criativa. Por outras palavras, o riso é um assunto sério.

Fez certamente a diferença num hospital universitário em Boston. Dois médicos, a que chamaremos Dr. Burke e Dr. Humboldt, estavam a disputar o lugar de diretor executivo da empresa que geria este e outros hospitais. Ambos chefiavam departamentos, eram excelentes médicos e tinham publicado muitos artigos de investigação amplamente citados em revistas médicas de prestígio. Mas os dois tinham personalidades muito diferentes. Burke era intenso, concentrado nas tarefas e impessoal. Era um perfeccionista implacável, com um tom combativo que mantinha a sua equipa sempre nervosa. Humboldt não era menos exigente, mas era muito acessível, até mesmo brincalhão, na relação com o pessoal, colegas e doentes. Os observadores notaram que as pessoas sorriam e provocavam-se umas às outras - e até diziam o que pensavam - mais no departamento de Humboldt do que no de Burke. Os talentos premiados acabavam muitas vezes por deixar o departamento de Burke; em contrapartida, as pessoas excepcionais gravitavam para o clima de trabalho mais quente de

Humboldt. Reconhecendo o estilo de liderança socialmente inteligente de Humboldt, o conselho de administração da empresa hospitalar escolheu-o como novo diretor executivo. Os grandes executivos falam muitas vezes em liderar com o instinto. De facto, ter bons instintos é amplamente reconhecido como uma vantagem para um líder em qualquer contexto, seja para ler o estado de espírito da sua organização ou para conduzir uma negociação delicada com a concorrência. Os estudiosos da liderança caracterizam este talento como uma capacidade de reconhecer padrões, geralmente nascida de uma vasta experiência. O seu conselho: Confie no seu instinto, mas obtenha muitas informações ao tomar decisões. Esta é uma boa prática, claro, mas os gestores nem sempre têm tempo para consultar dezenas de pessoas. As descobertas da neurociência sugerem que esta abordagem é provavelmente demasiado cautelosa. A intuição também está no cérebro, produzida em parte por uma classe de neurónios chamada células fusiformes devido à sua forma. Têm um tamanho cerca de quatro vezes superior ao das outras células cerebrais, com um ramo extra-longo que facilita a ligação a outras células e a transmissão mais rápida de pensamentos e sentimentos. Esta ligação ultra-rápida de emoções, crenças e julgamentos cria aquilo a que os cientistas comportamentais chamam o nosso sistema de orientação social. As células fusiformes accionam redes neuronais que entram em ação sempre que temos de escolher a melhor resposta entre muitas - mesmo para uma tarefa tão rotineira como dar prioridade a uma lista de afazeres. Estas células também nos ajudam a avaliar se alguém é digno de confiança e certo (ou errado) para um trabalho. No espaço de um vigésimo de segundo, as nossas células fusiformes disparam com informação sobre o que sentimos em relação a essa pessoa; estes juízos "em fatias finas" podem ser muito exactos, como revelam as métricas de acompanhamento. Por conseguinte, os líderes não devem ter medo de atuar com base nesses juízos, desde que também estejam sintonizados com o estado de espírito dos outros. Essa sintonia é literalmente física. Os seguidores de um líder eficaz sentem uma ligação com ele - ou aquilo a que nós e a nossa colega Annie McKee chamamos "ressonância". Grande parte deste sentimento surge inconscientemente, graças aos neurónios-espelho e aos circuitos das células fusiformes. Mas há outra classe de neurónios que também está envolvida: Os osciladores coordenam as pessoas fisicamente, regulando como e quando os seus corpos se movem em conjunto. Podemos ver os osciladores em ação quando observamos pessoas prestes a beijarem-se; os seus movimentos parecem uma dança, um corpo responde ao outro sem problemas. A mesma dinâmica ocorre quando dois violoncelistas tocam juntos. Não só atingem as suas notas em uníssono, como, graças aos osciladores, os hemisférios cerebrais direitos dos dois músicos estão mais estreitamente coordenados do que os lados esquerdo e direito dos seus cérebros individuais. O disparo de neurónios sociais é evidente à nossa volta. Analisámos uma vez um vídeo de Herb Kelleher, cofundador e antigo diretor executivo da Southwest Airlines, a passear pelos corredores do Love Field em Dallas, o centro de operações da companhia aérea. Podíamos praticamente vê-lo ativar os neurónios-espelho, osciladores e outros circuitos sociais em cada pessoa que encontrava. Ele oferecia sorrisos radiantes, apertava a mão dos clientes enquanto lhes dizia o quanto apreciava o seu negócio, abraçava os funcionários enquanto lhes agradecia o seu bom trabalho. E recebia de volta exatamente o que dava. Típica foi a hospedeira de bordo cujo rosto se iluminou quando encontrou inesperadamente o seu chefe. "Oh, meu querido!", disse ela, cheia de calor, e deu-lhe um grande abraço. Mais tarde, explicou: "Com ele, toda a gente se sente em família." Infelizmente, não é fácil transformarmo-nos num Herb Kelleher ou num Dr. Humboldt, se não o formos já. Não conhecemos métodos claros para reforçar os neurónios-espelho, as células fusiformes e os osciladores; estes neurónios são activados aos milhares por segundo durante qualquer encontro e os seus padrões precisos de disparo permanecem indefinidos. Além disso, as tentativas autoconscientes de demonstrar inteligência social podem muitas vezes sair pela culatra. Quando se faz um esforço intencional para coordenar movimentos com outra pessoa, não são apenas os osciladores que disparam. Nessas situações, o cérebro utiliza outros circuitos menos hábeis para iniciar e orientar os movimentos; como resultado, a interação parece forçada.

Conclusão

Gostaria de começar a minha conclusão com a apresentação do seguinte modelo

Quando pensamos no que escrevi ao longo das páginas anteriores, temos de começar a pensar na forma como podemos utilizá-lo claramente nas organizações. Todas as informações que forneci devem ser analisadas em quatro contextos distintos e interligados. Alguns podem ser mais relevantes para si e outros podem estar fora do seu controlo, mas terá sempre alguma influência num dos contextos

Líderes individuais ou pessoas:

Quando falamos de indivíduos, temos de pensar em primeiro lugar em nós próprios. Será que as nossas opiniões estão a ser manchadas pelo medo? A minha indecisão pessoal é medo, incerteza ou simplesmente o facto de a decisão ser difícil de tomar? Estarei a desequilibrar a informação com preconceitos de confirmação e estarei a ser influenciado pelo ambiente? Todas estas são perguntas que temos de fazer. Qual é a solução, pode perguntar-se? Não há uma solução única, mas há muitas soluções. Mas a mais importante é manter uma mente aberta e aumentar a sua consciencialização. A consciencialização é o primeiro passo para aprender e melhorar as competências. Esta analogia, por muito estúpida que pareça, realça o seguinte: se eu jogar ténis e não reparar que não acerto na bola, é pouco provável que aprenda a acertar na bola. Parece estúpido porque no ténis acertar na bola é tão óbvio - ou melhor, não podemos deixar de estar conscientes disso. No entanto, os processos cognitivos não são tão claros como bater uma bola de ténis e é por isso que temos de mudar a nossa consciência. Este é também o objetivo do coaching. Alguns podem ver o coaching como uma intervenção corretiva. Não é o caso. Um dos processos mais poderosos num processo de coaching consiste em aumentar a consciência pessoal e ser capaz de questionar e refletir sobre os seus processos internos. Este é o poder do coaching porque esta consciência pode levá-lo subtilmente a lugares novos e mais excitantes.

Equipas

Quando se trata de equipas, há questões semelhantes. Situações como o medo, que mencionei, tornam-se muito poderosas e têm de ser cuidadosamente controladas nas equipas. Será analisar a motivação e a recompensa - estas estão diretamente ligadas à ativação do nosso centro de recompensa e pensar precisamente na forma como o cérebro processa isto dá uma clareza e uma compreensão concretas para atacar as causas subjacentes.

Organizações

Todas estas questões terão de ser cuidadosamente ponderadas porque, como vimos com os neurónios-espelho, estes podem assumir uma forte dinâmica e tornar-se difíceis de controlar. Será necessário refletir cuidadosamente em situações difíceis para manter a amígdala calma e, consequentemente, para manter intacto o poder cognitivo de uma empresa. Isto incluirá também uma maior criatividade e uma maior ação significativa. Acabará com as querelas e as lutas, mas só se compreender a dinâmica cerebral que está a acontecer na empresa. Compreenda também que o cérebro de cada pessoa não é idêntico, pelo que terão de ser aplicadas estratégias diferentes para diferentes tipos de pessoas.

Comunicação

Quando a amígdala fica ativa, procura informações que possam aumentar a ameaça. A tendência negativa que mencionei. Para contrariar isto e para contrariar o desconhecido, que aumentará ainda mais a espiral negativa, precisamos de ter comunicação, ou seja, informação. Mesmo uma informação negativa concreta é melhor do que não saber. Se a informação for concreta e conhecida, é melhor para a mente. Isto significa que é melhor saber que não vou ter emprego na próxima semana do que não saber se vou ou não. Isto pode parecer ilógico, mas pense nisso. Se eu souber que não vou ter emprego, posso preparar-me para isso, posso fazer planos, posso começar a procurar. Posso desenvolver uma estratégia. Sim, posso estar zangado, posso estar desiludido, mas tenho clareza e sei o que posso fazer. Não saber é um buraco negro que cria um círculo vicioso no cérebro. Também notei, quando falava de recompensa, que a informação também pode ser processada como uma recompensa.

Ouvir.

Se ouvir os seus empregados, irá diminuir a ativação da amígdala Simples. A investigação demonstrou que a mera expressão de uma emoção modera essa emoção, por isso, se estivermos zangados, ao dizermos que estamos zangados, estamos a moderá-la. Permitir-se "desabafar" também modera as emoções. Assim, dar aos empregados ou mesmo aos clientes a oportunidade de desabafar modera as suas emoções. Além disso, poderá ativar os seus centros de recompensa social, uma vez que se trata de uma função social. De volta à comunicação. Ser ouvido é poderoso para todos nós. "Ninguém me ouve" sugere um baixo estatuto, o que aumenta o stress, diminui a autoestima e aumenta potencialmente a ativação da amígdala.

Emoções

Observámos que a ativação da amígdala anda de mãos dadas com as emoções fortes. Temos menos controlo emocional e os nossos centros racionais estão desligados. Ao mesmo tempo, as emoções são o que nos liga. Queremos ter emoções, compreensão e simpatia. Mostrar emoções cria um rosto humano para um líder e gera compreensão. Quando Beatrice Tchanz, relações públicas da Swissair, anunciou o acidente ao largo de Halifax, quando um airbus se despenhou deixando todos mortos, as emoções estavam bem patentes no seu rosto. Sentimo-nos com ela, com a organização e com as vítimas. Estávamos num estado emocional, mas o mais importante é que num estado emocional alinhado. Lembrem-se que o alinhamento de interesses aumenta a confiança. Mais tarde, a Swissair e Beatrice Tchanz foram elogiadas pela forma como lidaram com o caso, o que, na minha opinião, se deve em grande parte à forma emotiva como lidaram com o caso, que criou unidade no público e nas famílias das vítimas. Imaginem se ela tivesse dito, friamente e com uma cara de pedra, que a culpa não é da Swissair. Foi precisamente esta reação que aconteceu na Alemanha, em Duisburg, em 2010, após um pânico em massa quando 30 pessoas morreram esmagadas num desfile de música techno. O

O Presidente da Câmara, Adolf Sauerland, e o organizador ficaram sentados, sem expressão e sem emoção, negando qualquer tipo de responsabilidade. Isto provocou a ira e o tumulto do público em geral. Algumas palavras emotivas, de claro choque, tristeza e horror, teriam trazido todas as pessoas ao seu lado. Muitos líderes têm medo de expressar emoções e parecem pensar que isso os enfraquecerá. Pelo contrário, isso fortalece-os. Lembre-se que o cérebro funciona emocionalmente. As ligações emocionais são as mais poderosas. A lealdade é impulsionada pela emoção e apenas pela emoção. As emoções aumentarão a vossa força. Recentemente, assisti ao discurso de Adolf Ogi, ex-ministro suíço e representante na ONU, sobre a morte do seu filho, que o tinha magoado profundamente. O meu coração foi para ele e o meu respeito aumentou, pois vi por detrás deste político um homem como eu, com um profundo amor pela sua família e pude sentir a sua dor por ter perdido um filho adulto e ter vivido para o ver enterrado. As minhas emoções estavam alinhadas com Adolf Ogi e, por isso, a minha ligação a ele aumentou. Tal como a vossa, provavelmente, depois de lerem as duas frases acima - o que mostra que um par de frases pode aumentar o alinhamento emocional.

Empatia

Esta é também uma ferramenta poderosa e está ligada às emoções de que acabámos de falar, embora necessário ter um respeito saudável pela empatia, porque também pode distorcer as nossas opiniões. Numa experiência realizada em 1999, sob o título "Podem 40 segundos de compaixão reduzir a ansiedade do doente?", os investigadores descobriram que, em contextos clínicos com doentes, 40 segundos de compaixão gravada em vídeo eram suficientes para reduzir a ansiedade do doente. Esta é uma lição poderosa para os líderes - 40 segundos de compaixão, empatia ou emoção são suficientes para reduzir a ansiedade da sua força de trabalho!

Reenquadramento

Pode alterar a via eléctrica do cérebro. Simplesmente, se reenquadrarmos uma coisa, a forma como pensamos sobre ela. Mudamos a perceção. Reenquadrar é simplesmente o clássico "O copo está meio cheio ou meio vazio?". Na neuroeconomia, há muito que que o cérebro reage de forma diferente quando algo é enquadrado como um ganho potencial ou uma perda potencial em situações de jogo 50/50. Num estudo de 2010, reenquadrar as intenções das pessoas alterou a sua perceção e também a ativação cerebral. Reformular uma crise como uma oportunidade pode parecer piroso, mas pode funcionar. No entanto, muitas vezes é demasiado grande e carece de autenticidade. Se 200 pessoas estiverem a perder o emprego e o líder sénior falar de oportunidade, é compreensível que haja alguma resistência. No entanto, o que podemos fazer é criar uma perspetiva. Quando analisámos a literatura, descobrimos que as convicções do Dr. Pearlman estão precisamente no cerne da questão, ou seja:
- A empatia foi delineada como um fenómeno que vai muito além da simples reação afectiva, ou mesmo do "contágio emocional"; influencia as estruturas

epistemológicas e cognitivas responsáveis tanto pela compreensão como pela previsão do comportamento dos outros.

- A sua função epistemológica consiste em fornecer informações sobre as acções futuras de outras pessoas e sobre propriedades ambientais importantes. O seu papel social é servir como origem da motivação para o comportamento cooperativo e pró-social, bem como facilitar uma comunicação social eficaz.

- As estruturas neuronais responsáveis pelo desenvolvimento da empatia são os neurónios-espelho, que nos fazem "sentir" as razões e as consequências de uma ação observada do outro, como se nós próprios estivéssemos a realizar essa ação.

- Um número crescente de provas mostra que, durante uma ação conjunta, as pessoas se associam implicitamente aos níveis motor, percetivo e cognitivo.

- Os cérebros sincronizados podem criar novos fenómenos, incluindo sistemas de comunicação verbal e não-verbal e instituições sociais interpessoais que não poderiam ter surgido em espécies que não têm acoplamento cérebro-cérebro.

A perspicácia humana para uma resposta empática é multifacetada e inclui:

- Reação afectiva (emocional) (a origem alemã é "sentir com")

- Nível mais elevado de cognição (compreender os outros através de "sentir as suas emoções")

- Capacidades epistemológicas (estimativa precisa e direta das acções futuras plausíveis dos outros)

- Orientação ambiental (sentir a reação dos outros ao ambiente),

por exemplo, o stress resultante do confronto com situações perigosas)

- Orientação moral (altruísmo e compaixão pelos outros em dificuldades físicas, psicológicas ou económicas)
- Aspectos sociais (inicia o comportamento pró-social e a cooperação; especialmente quando acompanhado de simpatia)
- Participação corporal (reação cinestésica e participação interna nos movimentos observados)

A empatia desenvolvida numa idade jovem previne futuras intimidações e reduz a agressividade; o treino da empatia pode ser útil para encorajar comportamentos sociais positivos. Também desenvolve a inteligência social.

Este processo é possível graças aos neurónios-espelho, que reagem às reacções dos outros como se fossem as nossas. Os neurónios-espelho fornecem uma "simulação incorporada" das acções da pessoa observada, levando ao acoplamento cérebro a cérebro e à sincronização da comunicação e dos comportamentos sociais. A empatia social é uma pista para "sentir" e compreender as tendências não necessariamente visíveis, as dores e o potencial dos grupos e das sociedades. A sincronização do grupo aumenta a identificação, a cooperação e a coesão. Segundo Daniel Stern, "a teoria do espelho social defende que não pode haver espelhos na mente se não houver espelhos na sociedade". A questão que se coloca para uma investigação mais aprofundada é se também estamos equipados com um sistema específico de neurónios-espelho sociais, que nos permite sintonizar e coordenar com o grupo. Conjecturamos que existe também uma empatia social específica, que leva a compreender, muitas vezes instintivamente, o potencial latente de um grupo ou de uma sociedade, as suas agendas ocultas ou tensões dissimuladas, os seus sonhos e desejos não expressos. Se de Waal (ibid) tem razão ao afirmar que a cooperação das espécies, incluindo a humana, deriva da necessidade de sobrevivência em grupo, e que os grupos de animais se comportam de forma lógica e bem organizada, talvez valha a pena explorar se existe algum tipo de "detetor" psico-neurológico do comportamento do grupo.

Referências

Arbib, M., Oztop, E., e Zuckow-Goldring, P. (2005), "Language and the mirror sistema: Uma abordagem baseada na perceção/ação para o desenvolvimento comunicativo', *Cognição, Cérebro, Comportamento*, 3, pp. 239-72.

Gallagher, S. (2006), "Perceiving others in action", *Fondements cognitifs de a interação com o autor*.

Gallese, V. (2000). 'Agência e representações motoras: novas perspectivas sobre intersubjectivity", documentos de trabalho do ISC 2000-6. http://www.isc.cnrs.fr/wp/wp006.htm.

Gallese, V. (2001), "The Shared Manifold" hypothesis: from mirror neurons to empatia", *Journal of Consciousness Studies* 8 (5-7), pp. pp. 33-50.

Gallese, V. e Goldman, A. (1998), "Mirror neurons and the simulation theory of mind reading", *Trends in Cognitive Science*, 2, pp. 493-501.

Gergely, G., Nadasdy, Z., Csibra, G. e Biro, S. (1995), "Taking the intentional stance at 12 months of age", *Cognition*, 56, pp. 165-93.

Heider, F. e Simmel, M. (1944), "An experimental study of apparent behaviour", *American Journal of Psychology*, 57, pp. 243-59.

Hurford, J. (2004), "Language beyond our grasp: O que os neurónios-espelho podem, e cannot, do for language evolution', in *Evolution of Communication Systems: A Comparative Approach*, ed. D. Kimbrough Oller e U. Griebel (Cambridge, MA: MIT Press), pp.297-313.

Iacoboni, M., Molnar-Szakacs, I., Gallese, V., Buccino, G., Mazziotta, J. e Rizzolatti, G. (2005), "Captar as intenções dos outros com o próprio espelho sistema de neurónios", *PLoS Biology* 3, e79, pp. 1-7.

McDowell, J. (1994), *Mind and World* (Cambridge, MA: Universidade de Harvard Imprensa).

Meltzoff, A. (1995), 'Understanding the intentions of others: re-enactment of intended acts by 18-month-old children", *Developmental Psychology*, 31, pp. 838-50

Nichols, S. e Stich, S. (2003), *Mindreading* (Oxford: OUP).

Rizzolatti G. e Craighero L. (2004), "The mirror-neuron system", *Annual Review de Neurociências*, 27, pp. 169-92.

Rizzolatti G., Fogassi L., e Gallese V. (2001), "Neurophysiological mechanisms underlying the understanding and imitation of action", *Nature Reviews Neuroscience*, 2, pp. 661-70.

Williams, J., Whiten, A., Suddendorf, T. e Perrett, D. (2001), "Imitation, mirror neurons and autism", *Neuroscience and Biobehavioural Reviews*, 25, pp. 287-95.

Bhatt Meghana e Camerer Colin F. "Self-Referential Thinking and Equilibrium as State of Mind in Games: fMRI Evidence". Games and Economic Behavior, a publicar.

Camerer, Colin F. Behavioral Game Theory - Experiments in Strategic Interaction (Teoria dos Jogos Comportamentais - Experiências de Interação Estratégica) Princeton, Nova Jersey: Princeton University Press, 2003.

DeQuervain, Dominique; Fischbacher, Urs; Treyer, Valerie; Schellhammer, Melanie;

Schnyder, Ulrich; Buck, Alfred e Fehr, Ernst "The Neural Basis of Altruistic Punição. "Science, 2004, 305, pp. 1254-58.

Eisenberg, Nancy e Miller, P. A. "The Relation of Empathy to Prosocial and Related Behaviors". Psychological Bulletin, 1987, 101(1), pp. 91-119.

Fehr, Ernst. e Gächter Simon "Fairness and Retaliation - The Economics of

Reciprocidade". Journal of Economic Perspectives, 2000, 14(3), pp. 159-181.
Fehr, Ernst; Fischbacher, Urs e Bernhard Helen "Group Membership and Altruistic Norm Enforcement". Documento de trabalho, Instituto de Investigação Empírica em
Economia, Universidade de Zurique, 2005.
Frith, Uta e Frith, Christopher D. "Development and neurophysiology of mentalização". Philos.Trans.R.Soc.Lond B Biol.Sci., 2003, 358 (1431), pp. 459-473.
Gallagher, Helen L.; Jack, Anthony I.; Roepstorff, Andreas e Frith, Christopher D. "Imagiologia da postura intencional num jogo competitivo". NeuroImage., 2002, 16 (3 Pt 1), pp. 814- 821.
Gallagher, Helen L. e Frith, Christopher D. "Functional imaging of 'theory of mind' 5." Trends in Cognitive Science, fevereiro de 2003, 7 (2), pp. 77-83.
Adams, J. s. (1963). Towards an understanding of inequity (Para uma compreensão da desigualdade). Journal of Abnormal and
Social Psychology, 67(5), 422-436.
Adolphs, (2003). Cognitive Neuroscience of Human Behavior (Neurociência Cognitiva do Comportamento Humano). Revisões da Natureza
Neuroscience, 4, 165-178.

Alderfer, C.P. (1972). Existence, Relatedness, and Growth. Nova Iorque: Free Press.
Argyris, C. (1966, março-abril). interpersonal Barriers to Decision-Making. Harvard Business Review, 84-97.
Argyris, C. (1971, fevereiro). Sistemas de informação de gestão: The Challenge to Racionalidade e emocionalidade. Management Science, 17(6), 275-292.
Armenakis A. A., & Bedeian, A. G. (1999). organizational Change: Uma revisão da teoria e investigação nos anos 90. Journal of Management, 25(3), 293-315.
Arnsten, A. F. T., (1998). The Biology of Being Frazzled. Science, 280(5370), 1711-1712.
Arslan, A. (2006). Até as bananas a preto e branco parecem amarelas: A experiência revela como
a expetativa interfere na perceção. Publicado online: 15 de outubro de 2006; | doi:10.1038/news061009-13. Artigo referente a Hansen, T., olkonnen, M., Walter, s., & Gegenfurtner, K. R. (2006). Memory Modulates Color Appearance (A memória modula a aparência da cor). Natureza
Neuroscience, 9(11), 1367.
Ashkanasy, N. M., & Daus, C. A emoção no local de trabalho: Um novo desafio para Gestores. Academy of Management Executive, 16(1), 76-86.
Baron, R. A., (1989). Personalidade e Conflito organizacional: efeitos do Tipo A Padrão de comportamento e auto-monitoramento. Comportamento e Processos de Decisão Humana, 44(2),
281-296.
Bass, B.M. (1990). Bass & stogdill's Handbook of Leadership: Theory, Research, and Managerial Applications (3ª ed.). Nova Iorque: Free Press.
Baumeister, R. F., Bratslavsky, e., & Vohs, K. D. (2001). O mau é mais forte do que o bom. Revista de Psicologia Geral, 5(4), 323-370.
Baumeister, R. F., Twenge, J. M., & Nuss, C. K. (2002). effects of social exclusion on Processos Cognitivos: Anticipated Aloneness Reduces intelligent Thought" (A solidão antecipada reduz o pensamento inteligente). Journal of
Personality and social Psychology, 83(4), 817-827.
Bazerman, M.H. (2005). Judgment in Managerial Decision-Making, (6ª ed.). New York: Wiley.
Beauregard, M. (2007). A mente é realmente importante: evidências de estudos de neuroimagem de
autorregulação emocional, psicoterapia e efeito placebo. Progresso em Neurobiologia,

81, 218-236.
Beer, M., & Nohria, N. (2000). Cracking the Code of Change. Harvard Business School Press, 78(3), 133-144.
Bennis, W., & o'Toole, J. (2005). How business schools lost their way. The Harvard Business Review, 83(5), 96-104.
Berkman, e., & Lieberman, M. D. (no prelo). The neuroscience of goal pursuit: Bridging lacunas entre a teoria e os dados. Para aparecer em G. Moskowitz (Ed.) Goals. Guilford Press.
Birnbaum, s. G., Yuan, P. X., Wang, M., Vijayraghavan, s., Bloom, A. K. Davis, D.J., Gobeske, K. T., sweatt, J. D., Manji, H. K., & A. F. T. Arnsten (2004). Proteína quinase C

A sobreactividade prejudica a regulação cortical pré-frontal da memória de trabalho. Science,
306(5697), 882-884.
Bishop, J.W., scott, K. D. (1997). How Commitment effects Team Performance. Human Revista Resources, 42(2), 107-111.
Bishop, s. R., Lau, M., shapiro, s., Carlson, L., Anderson, N. D., Carmody, J., segal, Z. V., Abbey, speca, M., Velting, D., Devins, G. (2004). Mindfulness: Uma proposta de Definição operacional. Psicologia Clínica: ciência e prática, 11(3), 230-241.
Blake, R.R., & Mouton, J.s. (1984). Solving Costly Organizational Conflicts. San Francisco: Josse-Bass.
Block, P. (1994, fevereiro). Reatribuição de responsabilidades. Céu, 26-31.
Bobocel, R., & Meyer, J. (1994). escalating Commitment to a Failing Cause of Action: Separating the Roles of Choice and Justification (separando os papéis da escolha e da justificação). Jornal de Psicologia Aplicada, 79, 360-363.
Bowden, e. M., Jung-Beeman, M., Fleck, J., & Kounios, J. (2005). Novas abordagens para desmistificar o insight. Trends in Cognitive sciences, 9(7), 322-328.
Boyatzis, R., & McKee, A. (2005). Resonant Leadership. Boston: Harvard Business imprensa escolar.
Boyatzis, R., smith, M., Blaize, N. (2006). Desenvolvendo líderes sustentáveis através de Coaching and Compassion. Academy of Management Learning & education, 5(1), 8-24.
Myers, i., & Briggs-Myers, P. (1980). Gifts Differing: Understanding Personality Type. Mountain View, Califórnia: Davies-Black Publishing.
Brousseau, K., Driver, M., Hourihan, G., & Larsson, R. (2006). O executivo experiente Estilo de tomada de decisões. Harvard Business Review, 84(2), 111-112.
Brown, K. W., Ryan, R. M. (2007). Mindfulness: Fundamentos teóricos e evidências para os seus efeitos salutares, Psychological inquiry, 18(4), 211-237.
Burns, J. M. (1978). Leadership. Nova Iorque: Harper & Row.
Burns, J. M. (1985). Liderança: Good, Better, Best. Organizational Dynamics, 13(3), 26-40.
Cacioppo, J. T., & Patrick, B. (2008). Loneliness: human nature and the need for social ligação. Nova Iorque: W. W. Norton and Company.
Camerer, C., Lowenstein, G., & D. Prelec, (2005). Neuro-economia: Como a neurociência Pode informar a economia. Journal of Economic Literature, 43(1), 9-64.
Carr, L., iacoboni, M., Dubeau, M. C., Mazziota, J. C., e Lenzi, G. L. (2003). Neural Mecanismos de empatia em seres humanos: A Relay from Neural systems for imitation to Áreas límbicas. Actas da Academia Nacional dos E.U.A., 100, 5497-5502.
Chiao,J. Y., Bordeaux, A. R., & Ambady, N. (2004). Representações mentais de estatuto. Cognição, 93, 49-57.

Coghill, R.C., McHaffie, J.G., Yen, Y. (2003). Neural correlates of inter-individual diferenças na experiência subjectiva da dor. Actas da Academia Nacional de ciências, U.A., 100, 8538-8542.

Collins, P. D., Ryan, L. V., & Matusik, F. (1999). Automação programável e a Locus of Decision-Making Power. Journal of Management, 25(1), 29-53.
Costello, T. W., &. Zalkind, s., (eds.). (1963) Psychology in Administration: A Research orientação. Englewood Cliffs, Nova Jersey: Prentice Hall. pp. 334.
Daft, D. (2008). The Leadership experience (2ª ed.). Boston, Thomson/South-Western.
Dahl, R. A. (1957). The Concept of Power. Behavioral science, 2(3), 201-215.
Dickerson, s.s., & Kennedy, M. (2004). Stressores agudos e respostas ao cortisol: A Theoretical integration and Synthesis of Laboratory Research, Psychological Bulletin, 130(3), 355-391.
Dickhaut, J. (2005). Um estudo de imagem cerebral do procedimento de escolha. Jogos e Economic Behavior, 52(2), 257-282.
Donny, e. C., Bigelow, G. e., Walsh, s. L. (2006). Comparação dos factores fisiológicos e efeitos subjectivos da cocaína auto-administrada versus cocaína administrada em conjunto em seres humanos. Psicofarmacologia
(Berl.), 186(4), 544-52.
Drucker, P. F. (1989). As Novas Realidades: em Governo e Política/economia e Business/society and World View. Nova Iorque: Harper & Row.
Dunbar, R. i. M., & schultz, s. (2007). evolution in the social Brain. Science, 317(5843), 1344-1347.
Dworkin, s. i., Mirkis, s., & smith, J. e. (1995). Resposta-dependente versus resposta-independente
apresentação da cocaína: diferenças nos efeitos letais da droga. Psychopharmacology, 117, 262-266.
Edwards, W. (1954). The Theory of Decision Making. Psychological Bulletin, 51, 380-417.
eisenberg, e. M., e Witten, G. (1987). Reconsidering openness in organizational Comunicação. Academy of Management Review, 12(3), 418-426.
eisenberger, N. i., & Lieberman, M. D. (2004). Porque é que a rejeição dói: A common neural
sistema de alarme para a dor física e social. Tendências em Ciências Cognitivas, 8, 294-300.
eisenberger, N. Lieberman, M. D., & Williams, K. D. (2003). Does Rejection Hurt? An Estudo fMRi de exclusão. Science, 302(5643), 290-292.
eisenhardt, K. M., Kahwajy, J. L., & Bourgeois iii, L.J. (1997). Como as equipas de gestão Can Have a Good Fight. Harvard Business Review, 75(4), 77-89.
Farb, N. A. s., segal, Z. V., Mayberg, H., Bean, J., McKeon, D., Fatima, Z., & Anderson, A. K. (2007). Atender ao presente: a meditação da atenção plena revela modos de auto-referência. Social Cognitive and Affective Neurscience, 2(4), 313-322.

Feldman, D. C. (1984). The Development and enforcement of Group Norms [O desenvolvimento e a aplicação de normas de grupo]. Academia de
Management Review, 9(1), 47-53.
Filley, A.C. (1975). Interpersonal Conflict Resolution (Resolução de conflitos interpessoais). Glenview, illinois: scott,
Foresman and Co.
Fox, A. (2008). O cérebro no trabalho. Society for Human Resource Management, 53(3). Obtido em http://www.shrm.org/hrmagazine/articles/0308/0308fox.asp
Fredrickson, B. L. (2001). O Papel das Emoções Positivas na Psicologia Positiva: O Broaden-and-Build Theory of Positive Emotions (Teoria de Ampliação e Construção das Emoções Positivas). American Psychologist, 56(3), 218-226.
Fried, Y., & slowik, L. H. (2004). enriching Goal-setting theory With Time. Academy of Management Review, 29(3), 404-422.
Gailliot, M. T., Baumeister, R. F., DeWall, C. N., Maner, J. K., Plant, A., Tice, D. M., Brewer, L. e., schmeichel, B. J. (2007). self-Control Relies on Glucose as a Limited

fonte de energia: A força de vontade é mais do que uma metáfora. Journal of Personality and social
Psicologia, 92, 325-336.
Gallese, V., Keysers, C., Rizzolatti, G. (2004). Uma visão unificadora da base da cognição. Trends Cognitive science, 8(9), 396-403.
Gardner, W. L., Pickett, C. L., Jefferies, V., & Knowles, M. (2005). no exterior
Olhar para dentro: Solidão e monitorização social. Psicologia social e da personalidade
Boletim, 31(11), 1549-1560.
George, J. M., & Jones, G. R. (1996). The experience of Mood and Turnover intentions: efeitos interactivos do Value Attainment, da satisfação no trabalho e do estado de espírito positivo. Jornal de
Applied Psychology, 81(3), 318-325.
Gigerenzer, G. (2000). Adaptive Thinking: Rationality in the Real World. oxford: oxford imprensa universitária.
Goldberg, L.R. (1990). Uma "descrição da personalidade" alternativa: Os Cinco Grandes Factores
estrutura. Journal of Personality and social Psycholog, 59(6), 1216-1229.
Goleman, D. (1995). emotional intelligence: Porque é que pode ser mais importante do que o QI. Novo
York: Bantam Books.
Goleman, D. (2006). A nova ciência das relações humanas. New York: Bantam
Livros.
Goleman, D., Boyatzis, R.e., & McKee, A. (2002). Primal Leadership: Realizando o
O poder da inteligência emocional. Boston: Harvard Business School Press.
Gordon, e. (ed.).(2000). Integrative Neuroscience: Reunindo as ciências biológicas
Psychological and Clinical Models of the Human Brain (Modelos Psicológicos e Clínicos do Cérebro Humano). Harwood Academic Press.
Gross, J. J., & John, o. P. (2003). individual Differences in Two emotion Regulation Processes: implications for Affect, Relationships, and Well-Being. Jornal da Personalidade e Psicologia, 85(2), 348 -362.
Halford, G. s., Baker, R., McCredden, J., & Bain, J. D. (2005). How Many Variables Can
Os humanos processam? Psychological Science,16(1), 70-76.

Halford, G. Cowan, N., & Andrews, G. (2007). separar a capacidade cognitiva da
conhecimento: uma nova hipótese. Tendências em Ciências Cognitivas, 11(6), 236-242.
Hammond, J. s., Keeney, R.L., e Raiffa, H. (1999). Smart Choices: Um Guia Prático
to Making Better Decisions. Boston: Harvard Business School Press.
Hariri, A. R., Bookheimer, s. Y., Mazziotta, J. C. (2000). Modulação das emoções
respostas: efeitos de uma rede neocortical sobre o sistema límbico. Neuroreport, 11, 43-48.
Harrison, E. F., (1999). The Managerial Decision-Making Process (5ª ed.). Boston:
Houghton Mifflin.
Hatfield, E., Cacioppo, J. T., & Rapson, R. L. (1994). Emotional Contagion (Contágio emocional). New York:
Cambridge University Press.
Hayashi, A. M. (2001). When to Trust Your Gut. Harvard Business Review, 79(2), 58-65.
Hedden, T., & Gabrieli, J. D. e. (2006). The ebb and flow of attention in the human brain.
Nature Neuroscience, 9(7), 863-865.
Herbig, B., Muller, A., & Petrovic, K. (2007). conhecimento implícito no produto
innovation Process. in Hof, H., & Wenganroth, u. (eds.) "innovationsforschung: Ansätze, Methoden, Grenzen und Perspektiven (Hamburgo, Alemanha: Lit Verlag, 2007):
A. Bussing e B. Herbig, "implicit Knowledge and experience in Work and
organizações", International Review of Industrial and Psychology, 18, S, pp. 239-280.
Herzberg, F. (1987). one More Time: How Do You Motivate Employees? Harvard

Business Review, 65(5), 109-120. Reimpresso (2003), em Harvard Business Review, 46(1) 87-98).
Hitchner, e. (1992). The Power to Get Things Done. National Productivity Review, 12(1), 117-122.
Hitt, M. A. (2000). A nova fronteira: Transformação da gestão para o novo milénio. Dinâmica Organizacional, 29(4), 7-17.
Hodgkinson, G. P., Brown, N. J., Maule, A. J., Glaister, K. W., & Pearman, A. J. (1999). Quebrar a moldura: Uma análise da cognição estratégica e da tomada de decisões em condições de
incerteza. Strategic Management Journal, 20, 977-985.
Holloman, C. R., (1992). using Both Head and Heart in Managerial Decision-Making. Gestão Industrial, 34(6), 7-10.
Homans, G. C. (1950). The Human Group. Nova Iorque: Harcourt, Brace and Company.
Huber, G. P. (1980) Managerial Decision-Making. Glenview, Illinois: Scott Foresman and Co.
Huber, o. (1986). Decision-making As a Problem solving Process. in Brehmer, B., Jungermann, H., Lourens, P., & Sevon, G. (Eds), New Diretions in Research on Tomada de decisões, (pp.108-138). Nova Iorque: elsevier Publishing Co.

iacoboni, M., Molnar-szakacs, i., Gallese, V., Buccino, G., . Mazziotta, J.C, & Rizzolatti, G. (2005). Captar as intenções dos outros com o nosso próprio sistema de neurónios-espelho, PLoSBiology, 3(3), 79.
izuma, K., saito, D. N., & sadato, N. (2008). Processamento de recompensas sociais e monetárias
no estriado humano. Neurónio, 58(2), 284-294.
Jackman, J. M. & strober, M. H. (2003). Fear of Feedback. Harvard Business Review, 81(4), 101-108.
Janis, I. L. (1972). Victims of Groupthink [Vítimas do pensamento de grupo]. Boston: Houghton Mifflin Company.
Jayaratne, s., & Chess, W. A. (1984). Os efeitos do apoio emocional na perceção do trabalho stress e tensão. Journal of Applied Behavioral science, 20, 141-153.
Judge, T. A., Martocchio, J. J., & Thoreson, C. J. (1997). Modelo de cinco factores de Personality and employee Absence (Personalidade e ausência do trabalhador). Jornal de Psicologia Aplicada, 82, 745-755.
Jung, G. C. (1971). Psychological Types. in Collected Works of C.G. Jung, (Volume 6). Princeton, Nova Jersey: Princeton University Press.
Kahn, R., Wolf, D., Quinn, R., & snoek, J. (1964). Organizational stress: studies in Role Conflito e Ambiguidade. New York: Wiley, 1964);
Kahneman, D., slovic, P., & Tversky, A. (eds.) (1982). Judgment under uncertainty: Heuristics and Biases. Cambridge: Cambridge University Press.
Katz, D., & Kahn, R. L. (1978). The Social Psychology of Organizations, (2ª ed). New York: Wiley, pp. 187-221.
Katzenbach, J. R., & smith, D. K. (1993). A Sabedoria das Equipas : Creating the High-Organização de desempenho. Nova Iorque: Harper Business.
Kepner, C. H., & Tregoe, B. B. (1965). The Rational Manager. New York: McGraw-Hill.
Kets de Vries, M.F. (1989). Líderes que se auto-destroem: The Causes and Cures. Dinâmica Organizacional, 17(4), 5-17.
Kirkpatrick, s. A., Locke, e. A. (1991, maio). Leadership: Do Traits Matter? Academia de Management Executive, 5(2), 48-60.
Klein, (2002). The Science of Happiness (A Ciência da Felicidade). New York: Avalon Publishing Group.
Kohs s. C., & irle, K. W. (1920). Prophesying Army Promotions. Journal of Applied Psicologia, 4, 73-87.
Kosfeld, M., Heinrichs, M., Zak, P. J., Fischbacher, u., & Fehr, e. (2005). oxytocin

aumenta a confiança nos seres humanos. Nature, 435, 673-676.
Kotter, J. P. (1996). Leading Change. Boston: Harvard Business School Press.
Kotter, J. P., & schlesinger, L. A. (1979). Choosing strategies for Change. Harvard Business Review, 57(2), 106-114.
Kounios, J., Frymiare, J. L., Bowden, e. M., Fleck, J. i., Subramaniam, K., Parrish, T. B., & Jung-Beeman, M. (2006). A Mente Preparada: Atividade Neural Antes do Problema

A apresentação prevê a solução subsequente através de um insight súbito. Psychological science, 17,
882-890.
Kouzes J. M., & Posner, B. C. (1993). Credibility: How Leaders Gain and Lose It. São Paulo Francisco: Jossey-Bass Publishers.
Kraut, R., Patterson, M., Lundmark, V., & Keisler, s. (1999). internet Paradox: A social Tecnologia que reduz o envolvimento e o bem-estar psicológico? Americano Psicólogo, 53(9), 1017-31.
Kuhnert, K.W., & Lewis, P. (1987). Transactional and Transformational Leadership: A Constructive/Developmental Analysis. Academy of Management Review, 12(4), 648-657.
Landy, F., Quick, J. C., & Kasl, s. (1994). Work, stress, and Well-Being. internacional Journal of stress Management, 1(1), 33-73.
Latham, G. P., & Baldes, J. J. (1975). The Practical Significance of Locke's Theory of Definição de objectivos. Journal of Applied Psychology, 60, 122-124.
Lawless, D.J. (1972). Gestão eficaz: A social psychological approach.
Englewood Cliffs, Nova Jersey: Prentice Hall.
Lawrence, P. R. (1954). Como lidar com a resistência à mudança. Harvard Business Revista, 32(3), 49-57.
LeDoux, J. (1998). O cérebro emocional: The mysterious underpinnings of emotional life. Nova Iorque: simon & Schuster.
LeDoux, J. (2002). Synaptic Self: How our Brains Become Who We Are (O Eu Sináptico: Como o nosso cérebro se torna quem somos). New York:
Viking.
Lee, C. W. (1990). Estatuto relativo dos trabalhadores e estilos de gestão de relações interpessoais
Conflito: An experimental study with Korean Managers. Revista Internacional de Conflitos Gestão, 1(4), 327-340.
Lehrer, J., (2008, 28 de julho). The eureka Hunt. The New Yorker (Annals of science), pp. 40.
Lewin, K.(1951). Field Theory in social science. Nova Iorque: Harper & Row.
Libet, B. (1999). Temos livre-arbítrio? Journal of Consciousness studies, 6(8-9), 47-57.
Lieberman, M. D. (2003). Processos de julgamento reflexivo e reflexivo: A social abordagem da neurociência cognitiva. Em J. P. Forgas, K. R. Williams, & W. von Hippel (Eds.), Social judgments: Implicit and explicit processes (pp. 44-67). Nova Iorque: Cambridge University Press.
Lieberman, M. D. (2007). social Cognitive Neuroscience: A Review of Core Processes. Annual Review of Psychology, 58, 259-289.
Lieberman, M. D., eisenberger, N., Crockett, M., Tom, s., Pfeifer, J., & Way, B. (2007). Pôr os sentimentos em palavras: A rotulagem de afectos perturba a atividade da amígdala em resposta
to Affective Stimuli. Psychological science, 18(5), 421-428.

Likert, R. (1961). New Patterns of Management. New York: McGraw-Hill.
Likert, R. (1967). The Human organization. New York: McGraw-Hill.
Likert R., & Likert, J.G. (1976). New Ways of Managing Conflict. New York: McGraw-Colina.

Locke, e. A. (1968). Toward a theory of task motivation and incentives. Organizacional Behavior and Human Performance, 3, 157-189.
Luthans, F., & Kreitner, R. (1985). Organizational Behavior Modification and Beyond (Modificação do Comportamento Organizacional e Mais Além):
Uma abordagem de aprendizagem operante e social. Glenview, illinois: scott, Foresman.
Maier, N. R. F. (1967). Assets and Liabilities in Group Problem-solving: The Need for an Função integradora. Revista de Psicologia, 74(4), 239-249.
Martin, C. L. (1993). Feelings, emotional empathy, and Decision-Making (Sentimentos, empatia emocional e tomada de decisões): Listening to
as vozes do coração. Journal of Management Development, 12(5), 33-45.
Mason, M. F., Norton, M. i., Van Horn, J. D., Wegner, D. M., Grafton, s. T., & Macrae, C. N. (2007). Mentes errantes: a rede padrão e o pensamento independente de estímulos. Ciência, 315, 393-395.
Maslow, A.H. (1943). A Theory of Human Motivation. Psychological Review, 50, 370-96.
Masters, R. D. (2001). Cognitive Neuroscience, emotion, and Leadership. in J. H. Kuklinski (Ed), Citizens and Politics: Perspectives from Political Psychology. Nova Iorque: Cambridge University Press.
Mather, M., Mitchell, K. J., Raye, C. L., Novak, D. L., Greene, e. J. e Johnson, M. K. (2006). emotional Arousal Can Impair Feature Binding in Working Memory (A excitação emocional pode prejudicar a ligação de caraterísticas na memória de trabalho). Journal of Cognitive Neuroscience,18, 614-625.
Matteson, M.T., & ivancevich, J. M. (1987). Controlar o stress no trabalho. São Francisco: Jossey-Bass.
Mayo, E. (1945). The Problems of industrial Civilization. Boston: Universidade de Harvard Imprensa.
McCarthy, D. P., Faerman, s. R., & Hart, D. W. (1995). The appeal and difficulty of sistemas participativos. Ciência da Organização, 6(6), 603-627.
McClelland, D. C. (1961). The achieving society. Princeton, Nova Jersey: Van Nostrand.
McClelland, D. C. (1975). Power: The inner experience. Nova Iorque: irvington.
McClelland, D.C., & Jemmott iii, J. B. (1980). Power, motivation, stress, and physical doença. Journal of Human Stress, 6(4), 6-15.
McCrae, R. R., e Costa, P.T. Jr (1989). Reinterpretação do indicador de tipo Myers-Briggs na perspetiva do modelo de cinco factores da personalidade. Journal of Personality, 57, 17-40.
Mcewen, B. s. (1998). Efeitos protectores e prejudiciais dos mediadores do stress. New england
Journal of Medicine, 338(3), 171-179.

McGregor, D. (1960) The human side of enterprise. Nova Iorque: McGraw Hill.
McNamara, G. &. Bromiley, P. (1999). Risk and return in organizational decisionmaking. Academy of Management Journal, 42(3), 330-339.
Megerian, L. e., & sosik, J.J. (1996). An affair of the heart: emotional intelligence and liderança transformacional. The Journal of Leadership and organizational Studies, 3(3), 31-48.
Miller, K., & Cohen, J. D. (2001). Uma teoria integrativa da função do córtex pré-frontal. Annual Review of Neuroscience, 24, 167-202.
Miller, D. W., & starr, M. K. (1967). The Structure of Human Decisions. Englewood Cliffs, Nova Jersey: Prentice Hall.
Mintzberg, H. (2004). Managers Not MBAs (Gestores e não MBAs). São Francisco: Berret-Koehler Publishers.
Mineka, s., & Hendersen, R. W. (1985). Controlabilidade e previsibilidade na aquisição de motivação. Revista Anual de Psicologia, 36, 495-529.
Mitchell, J. P., Macrae, C. N., & Banaji, M. R. (2006). Dissociable medial prefrontal

contribuições para julgamentos de outros semelhantes e diferentes. Neurónio, 50, 655-663.
Montgomery, K. J., & Haxby, J. V. (2008). Sistema de neurónios-espelho ativado diferencialmente
por expressões faciais e gestos sociais com as mãos: Uma imagem de ressonância magnética funcional
estudo. Journal of Cognitive Neuroscience, 20, 1866-1877.
Mount, M. K., Barrick, M. R., e Strauss, J. P. (1994). Validade das classificações dos observadores de
os Cinco Grandes Factores de Personalidade. Jornal de Psicologia Aplicada, 79, 272-280.
Mullen, J., & Roth, B. (1991). Decision-making: its logic and practice. Savage, Maryland: Rowman and Littlefield.
Naccache, L., Gaillard, R. L., Adam, C., Hasboun, D., Clemenceau, s., Baulac, M., et al. (2005). Um registo intracraniano direto das emoções evocadas por palavras subliminares. Procedimentos
National Academy science, U.S.A.,102(21), 7713-7717.
Nathan, B. R., Mohrman, A., & Milliman, J. (1991). As relações interpessoais como um contexto
para os efeitos das entrevistas de avaliação no desempenho e na satisfação: Um estudo longitudinal
estudo. Academy of Management Journal, 34, 352-369.
Nelson, D. L., Quick, J. C., Quick, J. D. (verão de 1989). Corporate Warfare: Preventing Combat stress and Battle Fatigue. Organizational Dynamics, 18(1), 65-79.
Norris, C. J., & Cacioppo, J. T. (2007). i know how you feel: Social and emotional information processing in the brain. in Harmon-Jones, e., & Winkielman, P. (eds.), neurociência, Nova Iorque: Guilford, pp. 84-105.
Nykodym, N. & George, K. (1980). stress Busting on the Job. Personnel, 9, 56-59.
Ochsner, K. N., & Lieberman, M. D. (2001). O surgimento da cognição social neurociência. American Psychologist, 56, 717-734.

Ochsner, K. N., Ray, R. D., Cooper, J. C., Robertson, E. R., Chopra, s., Gabrieli, J. D. et al. (2004). Para o bem ou para o mal: sistemas neurais que suportam a regulação cognitiva para baixo e para cima
de emoções negativas. Neuroimage 23, 483-499.
ohlsson, Carter, C. Macdonald, A. M., Botvinick, M., Ross, L. L., stenger, V.A., & Noll, D. (1984). Reestruturação revisitada: ii. Uma teoria de processamento de informação da reestruturação
e a introspeção. Scandinavian Journal of Psychology, 25, 17-129.
Pashler, H., & Christian, C. L. (1994). Bottlenecks in planning and producing vocal, respostas manuais e a pé (Relatório técnico do Center for Human information Processing). La Jolla, CA: Universidade da Califórnia, Diego, Centro de Processamento Humano. (Disponível
de http://www.pashler.com/manuscripts.html)
Pashler, H., Johnston, J. C., & Ruthruff, e. (2001). Attention and performance. Annual Review of Psychology, 52, 629-51.
Petersen, s. J., Waldman, D. A., Balthazard, P. A., & Thatcher, R. W. (2008). Aplicações neurocientíficas do capital psicológico: Serão os cérebros dos optimistas, Os líderes esperançosos, confiantes e resilientes são diferentes? Organizational Dynamics, 37(4), 342-353.
Pfeffer, J. (1994). Vantagem competitiva através das pessoas: Unleashing the power of the força de trabalho. Boston: Harvard Business School Press.
Pfeffer, J. (1998). The human equation. Boston: Harvard Business Press.
Pfeffer, J., & sutton, R. i. (2006). evidence-based management. Harvard Business Revista, 84(1), 62-75.

Phelps, e. A., (2006). emotion and cognition: insights from studies of the human amígdala. Revista Anual de Psicologia, 57, 27-53.
Phillips, M. L. Young, A. W., sénior, C., Brammer, M., Andrew, C., Calder, A. J, et al. (1997). Um substrato neural específico para a perceção de expressões faciais de nojo. Nature,
389(6650), 495-498.
Pickett, C.L., & Gardner, W.L. (2005). O sistema de monitorização social: melhorado sensibilidade a sinais sociais como resposta adaptativa à exclusão social. in K. Williams, J. Forgas, e W. von Hippel (Eds.), The social outcast: ostracism, social exclusion, rejeição e bullying. Nova Iorque: Psychology Press.
Pinkley, R., & Northcraft, G. (1994). Conflict frames of reference: implications for dispute processes and outcomes. Academy of Management Journal, 37(1), 193-205.
Plous, s. (1993). The psychology of judgment and decision-making. Philadelphia: Temple Imprensa universitária.
Porras, J.i., & silvers, R.C. (1991). desenvolvimento e transformação organizacional. Revista Anual de Psicologia, 42, 51-78.
Porter, L.W., & Lawler iii, e. (1968). Managerial attitudes and performance. Homewood, Illinois: Irwin-Dorsey.

Rahim, M. A. (ed). (1990). Theory and research in conflict management. New York: Praeger.
Ray, o. (2004). Como a mente magoa e cura o corpo. American Psychologist, 59(1), 29-40.
Ray, R. D., ochsner, K. N., Cooper, J. C., Robertson, e. R., Gabrieli, J. D. e., & Gross, J. J. (2005). diferenças individuais no traço de ruminação e os sistemas neurais que suportam reavaliação cognitiva. Cognitive, Affective, & Behavioral Neuroscience, 5(2), 156-168.
Richards, J. M., Gross, J. J. (2006) Personality and emotional memory: Como regular a a emoção prejudica a memória de acontecimentos emocionais. Journal of Research in Personality, 40(5),
631-651.
Rizzolatti, G., Fadiga, L., Fogassi, L., Gallese, V. (1999). Comportamentos de ressonância e neurónios-espelho. Arch ital Biol, 137, 85-100.
Roberts, M., & Harris, T. G. (1989, maio). Wellness at work. Psychology Today, 23, 54-58.
Rocha, D. (2006). Quiet leadership. New York: Collins.
Rock, D., & schwartz, J. M. (2006). A Neurociência da Liderança. Strategy+Business, Número 43, 71-81.
Roethlisberger, F. J. & Dickson, W. J. (1939). Management and the Worker. Cambridge: Harvard University Press.
Rousseau, D. M. & McCarthy, s. (2007). educar os gestores a partir de uma abordagem baseada em evidências
Perspetiva. Academy of Management Learning and education, 6(1), 84-101.
Rustichini, A. (2005). Neuroeconomia: Presente e futuro. Jogos e economia
Behavior, 52(2), 201-212.
sapolsky, R. M. (1996, 9 de agosto). Why stress is Bad for Your Brain. Science, 273(5276), 749-750.
Schultz, W. (2001). Reward signalling by dopamine neurons (Sinalização de recompensa por neurónios dopaminérgicos). Neuroscientist, 7(4), 293-
302.
Schwartz, J. M. (1999). Um papel para a volição e a atenção na geração de novos cérebros circuitos. Jornal de Estudos da Consciência, 6(8-9), 115-142.
schwartz, J. M., & Begley, s. (2002). A mente e o cérebro. Regan Books.
schwartz, J. M., stapp, H. P., & Beauregard, M. (2005). A física quântica na neurociência e psicologia: Um modelo neurofísico da interação mente-cérebro. Filosófico

Transactions of the Royal Society, Publicado online, doi:10.1098/rsub200401598
Sculley, J. (1987). Odyssey. Nova Iorque: Harper & Row.
segerstom, s. C., & Miller, G. (2004). Stress psicológico e o sistema imunitário humano
sistema: A Met-Analytical study of 30 Years of inquiry. Boletim Psicológico, 130(3),
601-630.
seymour, B., singer, T. & Dolan, R. (2007). A neurobiologia do castigo. Nature
Reviews Neuroscience, 8, 300-311.

Selye, H. (1980). The Concept Today. in Kutash, i. L., Schlesinger, L. B., and Associates
(Eds.) Handbook on stress Anxiety. São Francisco: Jossey-Bass, pp.127-143.
Shaw, B. M., & Ross, J. (1988). Good Money After Bad. Psychology Today, 22, 30-33.
shaw, M.(1985). Group Dynamics: The Psychology of Small Group Behavior, (4ª ed.).
Nova Iorque: McGraw-Hill.
shiffrin, R. M., & Nosofsky, R M. (1994). seven Plus or Minus Two: A Commentary on
Limitações de capacidade. Psychological Review, 101(2), 357-361.
Simon, H.A. (1945), Administrative Behavior. Nova Iorque, NY: The Free Press.
Simon, H.A. (1987, fevereiro). Tomada de decisões de gestão: o papel da intuição e da
emoção. Academy of Management Executive. 57-63.
Simon, H.A. (1977). The New science of Management Decision. Englewood Cliffs, NJ:
Prentice-Hall.
Skinner, B. F. (1971). Para além da Liberdade e da Dignidade. Nova Iorque: Knopf.
Slagter, H. A., Lutz, A., Greischar, L. L., Francis, A.D., Nieuwenhuis, s., Davis, J. M., et
al. (2007). O treino mental afecta a distribuição de recursos cerebrais limitados. Biblioteca
Pública
de Ciências Biológicas, 5(6), 138.
Smith, A. (1752). The Theory of Moral Sentiments. Reimpressão (2002) Cambridge:
Cambridge University Press.
Smith, P.C., Kendal, L.M., e Hulin, C., (1969). The Measurement of satisfaction in
Trabalho e reforma. Chicago: Rand-McNally.
Stajlovis, A. D., & Luthans, F. (1997). Uma meta-análise dos efeitos da mudança
organizacional
modificação do comportamento no desempenho da tarefa. Academy of Management Journal,
40(5),
1122-1149.
Steers, R.M. (1977). Antecedents and outcomes of organi-zational commitment.
Administrative science Quarterly, 22, 46-56.
Stewart, G. L. & Barrick, N. R. (2000). Team structure and performance: Assessing the
o papel mediador do processo interno da equipa e o papel moderador do tipo de tarefa.
Academia de
Management Journal, 43(2), 135-148.
Stogdill, R.M. (1948). Personal Factors Associated with Leadership (Factores pessoais
associados à liderança): A survey of the
Literatura. Revista de Psicologia, 25, 35-71.
stogdill, R.M., & Coons, A. e. (eds.).(1957). Leadership Behavior: It's Description and
Medição. Columbus, Ohio: Bureau of Business Research, Universidade do Estado de Ohio.
Stogdill, R.M. (1974). Handbook of Leadership: A of the Literature. New York: Free
Imprensa.
Swanbrow, D. (1989). The Paradox of Happiness (O Paradoxo da Felicidade). Psychology
Today, 22, 37-39.
Tabak, F. (1997). desempenho criativo dos empregados: What Makes it Happen? Academia
de
Management Executive, 11(1), 119-122.

Tabibnia, G., satpute, A. B., & Lieberman, M. D. (2008). O lado ensolarado da justiça:

A preferência pela equidade ativa os circuitos de recompensa (e a não consideração da injustiça ativa
circuitos de autocontrolo). Psychological science, 19, 339-347.
Takahashi, H., Kato, M., Matsuura, M., Koeda, M., Yahata, N., Suhara, T., et al. (2008). Correlatos neurais do julgamento da virtude humana. Cerebral Cortex. 18(8), 1886-1891.
Tang, Y., Ma, Y., Wang, J., Fan, Y., Feng, s., Lu, Q., Yu, Q., sui, D., Rothbart,. M. K., Fan, M., Posner, M. i. (2007). O treino de meditação a curto prazo melhora a atenção e a autorregulação.
Actas da Academia Nacional das Ciências, EUA, 104(43), 17152-17156.
Taylor, F. W. (1911). The Principles of scientific Management. Nova Iorque: Harper & Irmãos.
The Boston Consulting Group, Federação Mundial de Gestão de Pessoal
Associações e Sociedade para a Gestão dos Recursos Humanos (2008). Criar pessoas Vantagem: Como enfrentar os desafios dos RH em todo o mundo até 2015. Apresentado em Congresso Mundial de RH da WFPMA, Londres (2008, 14 de abril).
O cérebro empresarial em close up. (2007, 23 de julho). Semana de Negócios. Recuperado de
http://www.businessweek.com/magazine/content/ 07_30/b4043084.htm
Tichy, N. M., & Devanna, M.A. (1986). The Transformational Leader. New York: John Wiley & Sons.
Tubre, T. C., & Collins, J. M. (2000). Jackson e Schuler (1985) Revisitados: A Meta-Análise das Relações entre Ambiguidade de Funções, Conflito de Funções e Trabalho Desempenho. Journal of Management, 26(1), 155-169.
Tuckman, B.W. (1965). Sequência de desenvolvimento em pequenos grupos. Psicológico Boletim, 63(6), 384-399.
Van sell, M., Brief, A.P., & schuler, R. s. (1981). Role Conflict and Role Ambiguity: integração da literatura e direcções para investigação futura. Relações Humanas, 34, 43-71.
Van de Vliert e., & Kabanoff, B. (1990). Toward Theory-Based Measures of Conflict Gestão. Academy of Management Journal, 33(1), 199-209.
Vas, A. (2001). Competências de gestão de topo num contexto de mudança organizacional endémica:
O caso da Belgacom. Journal of General Management, 27(1), 70-89.
Vijayraghavan, s., Wang, M., Birnbaum, s. G., Williams, G. V., & Arnsten, A. (2007). acções do recetor D1 da dopamina em neurónios pré-frontais envolvidos no trabalho memória. Nature Neuroscience, 10, 376-384.
Vroom, V. H. (1964). Work and Motivation. New York: Wiley.
Vroom, V. H., & Yetton, P. H. (1973). Leadership and Decision-Making. Pittsburgh: University of Pittsburgh Press.
Vroom, V. H., & Jago, A. G. (1988). The New Leadership. Englewood Cliffs, New Jersey: Prentice Hall.
Vroom, V. H. (2000). Liderança no processo de tomada de decisão. Organização Dynamics, 28(4), 82-94.

Waelti, P., Dickinson, A., & schultz, W. (2001). As respostas dopaminérgicas estão de acordo com as
pressupostos da teoria da aprendizagem formal. Nature, 412, 43-48.
Weick, K.e., & Quinn, R.e. (1999). organizational Change and Development. Anual Review of Psychology, 50, 381-386.
Weisinger, H. (1998). A Inteligência Emocional no Trabalho. São Francisco: Jossey-Bass.
Whitmire, K. (verão de 2005). Liderar através de valores partilhados, Leader to Leader, 37, 48-54.
Wicker, B., Keysers, C., Plailly, J., Royet, J.P., Gallese, V., e Rizzolatti, G. (2003).

The Common Neural Basis of seeing and Feeling Disgust (A Base Neural Comum de Ver e Sentir Nojo). Neurónio, 40(3), 655-664.
Williams, R. (1989). The Trusting Heart: Great News about Type A Behavior. Novo York: Random House.
Wolfe, P., & Brandt, R. (1998). What Do We Know from Brain Research? Educação Leadership, 56(3), 8-13.
Woodman, R.W. sawyer, J.e. e Griffin, R.W. (1993 abril). Toward a Theory of Criatividade organizacional. Academy of Management Review, 18, 293 - 321.
Yukl, G.A. (1981). Leadership in organizations. Englewood Cliffs, Nova Jersey: Prentice Salão.
Zahn, R., Moll, J., Paiva, M., Garrido, G., Krueger, F., Huey, e. D., et al. (2008). O Neural Basis of Human social Values: evidence from Functional MRI, Cerebral Cortex, 10(3), 308-317.
Zink, C. F., Tong, Y., Chen, Q., Bassett, D. s., stein, J. L., & Meyer-Lindenberg, A. (2008). Know Your Place: Neural Processing of Social Hierarchy in Humans [Processamento Neural da Hierarquia Social em Humanos]. Neurónio, 58, 273-283.
Adolphs, R., Tranel, D., Damasio, H. e Damasio, A. (1994) "Impaired recognition of emoção nas expressões faciais após lesão bilateral da amígdala humana," *Natureza* 372: 669-672
Baron-Cohen, S. (1995) *Mindblindness, an Essay on Autism and Theory of Mind* (Cambridge UP).
Borg, E. (2007) "Se os neurónios-espelho são a resposta, qual era a pergunta?" *Journal of Estudos da Consciência* 14: 5-19.
Damásio, A. (1999) *The Feeling of What Happens* (Harcourt Brace).
Fadiga, L., Fogassi, L., Pavesi, G., e Rizzolatti, G. (1995) "Motor facilitation during observação da ação: Um estudo de estimulação magnética", *Journal of Neurophysiology* 73: 2608-2611.

Fodor, J. (1985) "Précis of *the Modularity of Mind*", *Behavioral and Brain Sciences* 8: 1-42. Reimpresso em *Filosofia da Psicologia: Uma Introdução Contemporânea* (Bermudez, J.L. eds., Routledge, 2006): 513-523.
Fogassi, L., Ferrari, P., Gesierich, B., Rozzi, S., Chersi, F., Rizzolatti, G. (2005) "O lobo parietal: Da organização da ação à intenção Understanding", *Science* 29: 662-667.
Gallese, V. (2003) "The Roots of Empathy: The Shared Manifold Hypothesis and the Neural Basis of Intersubjectivity", *Psychopathology* 36: 171-180.
Gallese, V. e Goldman, A. (1998) "Mirror neurons and the simulation theory of mindreading," *Trends in Cognitive Sciences* 2: 493-501.
Gazzola, V. e Keysers, C. (2009) "The Observation and Execution of Actions Share Voxels motores e somatossensoriais em todos os indivíduos testados: Análise de um único sujeito of Unsmoothed fMRI Data," *Cerebral Cortex* 19: 1239- 1255.
Goldman, A. (1989) "Interpretation Psychologized", *Mind and Language* 4: 161-185. Reimpresso em *Filosofia de Psicologia: Contemporary Readings* (Bermudez, J.L. ed., Routledge, 2006): 327-351.
Goldman, A. (2006) *Simulating Minds: A Filosofia, a Psicologia e a Neurociência of Mindreading* (OUP). Iacoboni, M., Molnar-Szakacs, I., Gallese, V., Buccino, G., Mazziotta, J. e Rizzolatti, G. (2005) "Perceber as intenções dos outros com as suas próprias mirror neuron system," *Public Library of Science - Biology* 3: e79, 1-7.
Jacob, P. (2008) "What do Mirror Neurons Contribute to Human Social Cognition?" (O contributo dos neurónios-espelho para a cognição social humana).

Mente e Linguagem 23: 190- 223.
Kahneman, D. e Tvesky, A. (1982) "The Simulation Heuristic," in *Judgment under Uncertainty* (Kahneman, D., Slovic, P., e Tvesky, A., eds., Cambridge UP): 201-208.
Ramachandran, V. (2000) "Mirror Neurons and imitation learning as the driving force por detrás do 'grande salto em frente' na evolução humana", *Edge* 69: <http://edge.org/documents/archive/edge69.html>.
Rizzolatti, G. e Craighero , L. (2004) "The Mirror-Neuron System," *Annual Review of Neuroscience* 27: 169-92.
Rizzolatti, G., Camarda, R., Fogassi, M., Gentilucci, M., Luppino, G., e Matelli, M. (1988) "Organização funcional da área inferior 6 no macaco macaque: II. Área F5 e o controlo dos movimentos distais", *Experimental Brain Research* 71: 491-507.

Rizzolatti, G., Fadiga, L., Fogassi, L., e Gallese V. (1996a) "Premotor cortex and the reconhecimento de acções motoras", *Cognitive Brain Research* 3:131-141.
Rizzolatti, G., Fadiga, L., Matelli, M., Bettinardi, V., Paulesu, E., Perani, D., e Fazio, G. (1996b) "Localization of grasp representations in humans by positron emission tomografia: I. Observação versus execução", *Experimental Brain Research* 111: 246 252.
Rizzolatti, G., Fogassi, L. e Gallese, V. (2001) "Neurophysiological mechanisms subjacente à compreensão e imitação da ação", *Nature Reviews Neuroscience* 2: 661-670.
Rizzolatti, G. *et al*. Organização funcional da área inferior 6 no macaco macaco.II. A área F5 e o controlo dos movimentos distais. *Exp. Brain Res.* **71**, 491-507 (1988).
Rizzolatti, G. & Arbib, M. A. Language within our grasp. *Trends Neurosci.* **21**, 188-194 (1998).
Rizzolatti, G. & Craighero, L. The mirror-neuron system. *Ann. Rev. Neurosci.* **27**, 169-192 (2004).
Rizzolatti, G., Fadiga, L., Fogassi, L., & Gallese, V. O córtex pré-motor e o reconhecimento de acções motoras. *Cogn. Brain Res.* **3**, 131-141 (1996).
Rizzolatti, G., Fogassi, L., & Gallese, V. Neurophysiological mechanisms underlying a compreensão e a imitação da ação. *Nature Rev Neurosci.* **2**, 661-670 (2001).
Rizzolatti, G., Fogassi, L., & Gallese, V. Funções motoras e cognitivas do córtex pré-motor. *Curr. Op. Neurobiol.* **12**, 149-154 (2002).
Schubbotz, R. I. & von Cramon, D. Y. Sequências de estímulos abstractos não biológicos partilham o córtex pré-motor ventral com a observação de acções e imagens. *J. Neurosci.* **24**, 5467-5474 (2004).
Umiltà, M. A. *et al*. Eu sei o que estás a fazer: Um estudo neurofisiológico. *Neurónio* **32**, 91-101 (2001).
Wilson, M. & Knoblich, G. O caso do envolvimento motor na perceção conspecíficos. *Psych. Bull.* **131**, 460-473 (2005).
Wolpert, D. M., Doya, K., & Kawato, M. Uma estrutura computacional unificadora para controlo motor e interação social. *Phil. Trans. Roy. Soc. London B*, **358** 593-602 (2003).

Abreviaturas

MNs - Mirror Neurons

NS- Neuroscience

NSs – Neural Schemas

BS – Brain Science

FL – Feeling Leadership

PL – Personable Leadership

NM – Neuron Motor

BL – Biologically Leadership

EBS – Empathy Based Leadership

EI – Emotional Intelligence

EL – Emotional Leadership

SL – Situational Leadership

TA -- Talent Acquisitions

SL – Situational Leadership

EI – Emotional Intelligence

TL – Team Leader

TW – Teamwork

OD – Organizational Development

OC – Organizational Change

AL – Autocratic Leadership

DL – Democratic Leadership

S'L – Servant Leadership

BO – Business Organizations

INCs – International Corporations

MNCs – Multinational Corporations

DL – Dynamic Leadership

SS – Static Leadership

CM – Change Management

CA – Change Agent

OP – Organizational Psychology

O'C – Organization Culture

LS – Leadership Styles

LT – Leadership Traits

LT' – Leadership Theories

Dedicatórias

A minha mãe **"Shahenaaz Parvin"**

A minha mulher **"Safeena Sadique Shaikh"**

O meu querido filho **"Md. Nameer Shaikh"**

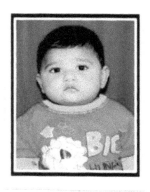

O meu querido filho **"Md. Shadaan Shaikh"**

Dedicado aos meus amigos mais chegados

"Tanveer Sayyed"

"Jyotee Firke"

A minha sincera dedicação aos meus mentores....

Prof. (Dr.) Seema Joshi   Prof. (Dr.) Meenakshi Waykole
Director- SOMS, NMU, Jalgaon   Principal, P.O.N College, Bhusawal

I want morebooks!

Buy your books fast and straightforward online - at one of world's fastest growing online book stores! Environmentally sound due to Print-on-Demand technologies.

Buy your books online at
www.morebooks.shop

Compre os seus livros mais rápido e diretamente na internet, em uma das livrarias on-line com o maior crescimento no mundo! Produção que protege o meio ambiente através das tecnologias de impressão sob demanda.

Compre os seus livros on-line em
www.morebooks.shop

 info@omniscriptum.com
www.omniscriptum.com

www.ingramcontent.com/pod-product-compliance
Ingram Content Group UK Ltd.
Pitfield, Milton Keynes, MK11 3LW, UK
UKHW041937131224
452403UK00001B/208